もしも精神科医が営業マンだったら

もしも精神科医が営業マンだったら

目次

プロローグ　営業という仕事の本質

第一章　営業に出かける前にまず準備

第二章 聞く能力と伝える能力

第三章 「困った人々」との付き合い方

第四章 心の健康の保ち方

プロローグ　営業という仕事の本質

営業はビジネスの出発点

こんにちは。精神科医の和田秀樹です。

今、この本を開いてくださっている方は、おそらく営業マンあるいは営業ウーマン（以下、面倒なので「営業マン」と統一します）の方々であろうと推察します。そして本書は、まさしく営業マンの方々に向けて書かれたものです。

さて、釈迦に説法かもしれませんが、まず営業という仕事の本質についておさらいをしておきましょう。

営業は、すべてのビジネスの出発点ともいえます。営業とは、モノやサービスを売り込む仕事です。どんなに良い製品でも、どんなに優れたサービスでも、顧客に知ってもらい、買ってもらわなければ商売になりません。自動車のような製品にしても、保険、証券などの金融商品にしてもそれは同じです。さらにいえば、ベンチャー企業にしても、そのアイデアを売り込んで（営業して）、出資してくれる人がいなければ、スタートラインに立つことはできません。そのため、一定規模以上の企業には、営業本部、営業局、営業部など、営業専門のセクションがあります。また、営業と名の付くセクションを持たない小さな会社でも、社長さん自ら営業するということが普通に見受けられます。およそ何かを提供することによって利潤を上げる組織（あるいは個人）には、必ず営業という仕事がついてまわります。後述しますが、私たち精神科医にとっても営業的センスは必要なのです。要するに営業からビジネスは始まるのです。

しかし、それだけ重要でありながら、営業は厳しく大変な仕事だと苦手に思う人が少なくないことも事実です。この本を手に取ったあなたもその一人かもしれません。

企業の販売部門でいえば、マーケティングと営業がありますが、マーケティングはどこか格好いい仕事とみられがちです。マーケティングは、どの市場で、どのような顧客層に、どのような製品・サービスを売り出し、どのような方法で知ってもらい、どのように売っていくのかといった販売戦略を考えることが仕事です。一方、営業は実際に、その製品・サービスを顧客に説明して売る最前線の部隊といえます。マーケティングは営業を知り、営業はマーケティングを知っていなければいけないのですが、どうも営業は泥臭く厳しい職場とみられがちなようです。

なぜ、ビジネスの根本ともいえる仕事なのに、営業はみんなから敬遠されがちなのか。その理由はいくつかあります。

まず、営業はビジネスの最前線で、直接、顧客に接する仕事だということがあげられます。通常、営業には企業を対象とした法人営業、一般消費者を相手にした個人営業がありますが、いずれも相手にするのは人間です。世の中、いろいろな人がいますから、気難しいお客さん、非常識なお客さんにぶつかることも当然あります。つまり、営業マンはいろいろなタイプの人たちとコミュニケーションをとらなければならないわけです。

また、一般に「セールストーク」というと、製品・サービスの良いところしか言わないと思われがちです。そのため、営業マンは販売対象である相手に無意識のうちに警戒の目で見られ、心理的な壁をつくられることがままあります。営業マンは、その閉ざされた心を開かなければなりません。

営業には、飛び込み営業のように、戸別訪問して売り込みをすることもあります。突然の訪問ですから、話も聞いてもらえないことが多いのは当然です。マーケティングの権威として知られるアメリカの経営学者、フィリップ・コトラーは著書の中で、アメリカの生命保険業界には「10・3・1」の法則と呼ばれるものがあるという話を紹介しています。一〇件飛び込み営業をして、話を聞いてくれるのは三件、そのうち運が良ければ一件が契約にこぎつけられるという比喩的な法則です。この比率、日本ではもっと厳しいのかどうか、それは業種によって違うのでしょうが、いずれにせよ心が強くないと折れてしまいそうな気もしてきます。

さらに、営業は結果が数字で出る世界だということです。しかも、毎月といった具合に一定期間で成績は評価されます。そして、その数字は月ごとにリセットされ、再びゼロからの競争になります。企業の中でも、個人の成績が数字で見える仕事といえば、営業です。成績に応じた歩合制のように給与が数字に直結している場合もあります。結果と評価が明快なので、やりがいがあり、評価の根拠が不明確な部署よりも好きだという人ももちろんいますが、その分プレッシャーが大きいことも確かです。成績が良い時は問題ありませんが、スポーツを見てもわかるように常勝ということはまずあり得ず、スランプの時期が必ずあるものです。努力が結果につながらない時には、焦りも出てきます。成績が上がらないと、上司や周囲の視線に圧力を感じるようになることもあるでしょう。

こういうと、営業はつらいことばかりのようですが、先に述べたように営業のビジネス上の役割は大きく、営業の力を持っている人は、どの職場に行っても、どの会社に移っても有利であることも事実です。いずれの問題も心の持ちようであり、人に接する上でのちょっとした技術の問題です。孫子の「敵を知り、己を知れば、百戦危うからず」という言葉がありますが、営業の対象である相手の心を知り、かつ自分の心の状態を知れば、営業という仕事を不必要に恐れることはありません。そのために、心理学の基礎を知り、それを応用することは有益です。心理学には、人と人とが触れ合う営業という仕事を円滑に進めていくために役立つヒントがいくつもあります。

とかく営業における心理学というと、いかに顧客の心理をコントロールするかという話になりがちですが、この本で紹介するのは催眠術やマインドコントロールのような怪しげな技術ではありません。実際、心理学を学んで治療を行っている精神科医にしても、患者に会って即座にその人の性格や病名を見抜き完治させる、などという魔法使いのような芸当ができるわけもありません。精神科医は、黙って座ればぴたりと当てる占い師でも、人を自分の思い通りに動かす催眠術師でもないのです。ただ、心の病を治療するプロとして、いろいろなタイプの患者さんと信頼関係をつくり、コミュニケーションをとっていく技術は多少なりとも持っています。また、会う回数を重ねることで相手をより理解し、相手の心の状態を少しでも楽にしていくような経験ももちろん豊富です。精神科医と営業マンが持つべきスキルには似たところがあるのです。まず、そのあたりから述べてみましょう。

精神科医と営業マンに必要とされる共通のスキル

一般の人々にはあまり知られていませんが、日本とアメリカでは精神科医の主たる治療方法に違いがあります。そして、営業マンにとって特に参考になるのは、アメリカの精神科医の治療方法です。

アメリカでは、診療にあたって心得ておくべき三つのポイントがあります。

まず、第一に挙げられるのは、どんなに難しい相手であっても、あきらめずに面談を続けるということです。カウンセリングによる治療が主体のアメリカでは、時間をかけて信頼関係をつくっていくことが何よりも大切とされています。

通常、精神科医の治療には薬物治療とカウンセリングがあります。日本では主として薬物治療が中心になっていますが、アメリカではカウンセリングに重点が置かれています。薬物治療の場合、患者の病気を診断し、それに対応した薬を処方します。最近は精神疾患の治療に効果のある良い薬が増えていますし、薬の処方で医療費が決まりがちな日本では薬物投与主体の治療が主流となっています。しかし、当然のことながら薬物治療でも慎重に患者の病状を見極めることは重要です。かつては、鬱病の患者と躁鬱病（双極性障害）の患者に同じ薬が処方されていましたが、躁鬱病の患者に鬱病用の薬を投与すると躁状態が発現しやすくなることが判明し、それによって事件が発生したこともあったことから、今ではかなり違う薬の組み合わせが推奨されています。このように、薬物を投与するにしても本来は一人ひとりの状況や過去の病歴などを詳しく時間をかけて調べるべきなのです。

心の病を生んでいる原因はどこにあるのか。患者の表面的な言葉の裏側に真の悩みが隠されているかもしれません。カウンセリング主体のアメリカでは、患者との信頼関係づくりに時間をかけ、患者が本当は何に悩んでいることは何か、対話の中から見つけていきます。そして、あなたの病気はこれだ、と早急に決めつけないように注意します。患者とのコミュニケーションを重ね、本当の問題は何か、患者は何を求めているのかというテーマに迫っていくわけです。最初は頑《かたく》なな態度を示す相手であっても、あきらめずに聞き続けることが大切だとされているのです。

営業では相手の信頼を勝ち取り、真の顧客のニーズを知るために「聞く力」が重要と言われていますが、精神科医も同じです。カウンセリングに際しては、あきらめてはいけないのです。

第二に、自分の考えを相手に押し付けない、決めつけない、ということがあげられます。

現在、心理学に基づく精神科医の治療、特にアメリカの精神分析学のトレンドは「フロイト」から「コフート」へ移ってきているといわれています。

オーストリアの精神科医、ジークムント・フロイトはご存知の方も多いと思います。フロイトは、心のメカニズムのモデルをつくり、それをもとに心の病の診断、診療にあたった人であり、精神分析、臨床心理学のパイオニアです。ただ、精神科医が、モデルばかりに囚われていると、あなたはこういう過去があったから、こういう人間だと決めつけてしまうことにもなりがちです。診察する側の決め付けは、患者の側から見れば押し付けであり、医師に対する不信感や不満を生むことにもなりかねません。自分の抱えている問題ではなく、医師が持っているモデルがまず先にあって、自分の話を聞いてくれずに、ただ医師の側の論理を押し付けているだけではないかというわけです。精神科の治療で大切なのは、患者の心の状態を決めつけることではなく、心の病を治癒、解消することだということを精神科医は忘れてはならないでしょう。

最近の心理学では、「決めつけ」から脱して柔軟に対応すること、多様な考え方を見つけていくことが主流となっています。そのトレンドをもたらしたのが、フロイトと同じオーストリア出身のアメリカの精神分析学者、ハインツ・コフートです。コフートは患者と接するにあたり、人間には三つの基本的な心理的傾向があると考えました。誰もが「ほめてもらいたい」、「頼りたい」、「自分に同調してもらいたい」という気持ちを持っている。この心理を理解した上で患者と接し、信頼関係を作っていくことが心の治療を進めていく上で重要だという考えです。

自分が心理学の知識がある医師だからといって、患者の話に耳を傾けず患者の病気を決めつけたり、自分の考えを押し付けたりしない。相手の話に同調を示すことで患者は医師を信頼するし、患者の話をきちんと聞くことで当初自分が考えていたのとは別の心理的な問題やニーズがあることを発見できるかもしれません。相手の言葉と本人が本当に求めていることが異なっていたという経験は、皆さんにもあるのではないでしょうか。見た目は怖そうでも、よく話してみたら良い人だったということはありませんでしたか？　人間とは複雑な存在です。最初から決めつけず、先入観や固定観念を外して接してみるということは大切です。そして、それは営業現場においても同じことがいえます。一方的にこちらの結論を押し付けられるのが嫌なのは、患者も顧客も同じはずです。

もっとも、アメリカで医師の側の論理を優先するのではなく患者と向き合い時間をかけながら試行錯誤していく治療方法をとるようになった背景には、そうしないと患者が医師を嫌って来なくなってしまうというビジネス上の理由もあったようです。ビジネスの国、アメリカらしいところでもあります。

さて、第三は精神科医自身が自分を知ることです。アメリカでは、精神科医が他の精神科医のカウンセリングを受けるということは一般的です。自分が患者の立場になることで、何が良い治療であり、どのような医師が良いのか、どのような接し方をされたいのかということも見えてきます。最初から自分の性格を決めつけられれば、自分だって良い気持ちはしないし、話も満足に聞いてくれない医師を信頼できるはずもありません。そして、そうした経験は、自分が診断する際にも活かされることになります。これもまた、営業に通じます。顧客の立場に立ってみることで、どのような営業が望まれているのかを知ることができます。また、自分の心理状態を知ることは、メンタルヘルスを保っていく上での第一歩でもあります。

「あきらめない」、「決めつけない」、「押し付けない」、そして「自分を知る」。患者と信頼関係を築くために必要とされるアメリカで優秀な精神科医の条件は、そのまま良き営業マンとして求められるスキルでもあるのです。

営業は人間にしかできない仕事なのだ

精神科医と患者の関係における出発点が信頼にあるように、営業で大切なことはまず顧客に信用してもらうことであり、ビジネスはそこから始まります。難しいことのようですが、あきらめず、決めつけず、己を知れば、道は開けていきます。

ところで、人は何かを購入しようとする時、どのように決定するのでしょうか。一つは、その製品・サービスが他社よりも明らかに条件が優れていること。もう一つは、他にない圧倒的な魅力を持った製品であることでしょう。

しかし、製品やサービスの品質に大きな差がない世界では価格だけの勝負になり、そこでは営業マンが活躍する余地はありません。後者となれば、営業さえ必要ありません。消費者は自ら買いに来るはずです。ただ、世の中はそうした理屈だけで動いているわけではないし、すべての正確な情報が行き渡っているわけでもありません。自分が欲しいと思っているモノ、必要としているモノ、より良いモノが既に存在しているのに知らないということは多々あります。さらに、人は論理や合理性だけで意思を決定するわけでもありません。だからこそ、営業マンの活躍の余地があるわけです。

現代の日本には、製品もサービスも溢れていて、足りないのは顧客だという指摘もあります。そうした環境の中で、営業マンはビジネスを創造する尖兵ともいえます。

また、日本とアメリカでは最近は人工知能（ＡＩ）の進化もあり、製造現場だけでなく流通・サービス分野でも自動化が進み、すべての仕事はロボットに置き換わるなどという人もいます。しかし、そうした世界になっても営業だけは残るといわれているのは、新しい顧客を見つけること、そして顧客との信頼関係を持続し発展させることは、人間にしかできない固有の仕事だからです。営業活動をサポートする上で、情報技術（ＩＴ）の活用は進んでいくでしょうが、それもまずは顧客との関係ができた上での話です。そして顧客の心を開くのは、営業マンの仕事なのです。

繰り返しになりますが、営業はビジネスの基礎です。「トップ営業」という言葉があるように、管理職や経営者になっても勝負どころでは営業力がものをいいます。

とはいっても、初めて営業の仕事についた人、営業経験は長いけれどなかなか成果の出ない人、人との交渉にストレスを感じている人、困ったお客さんを抱えて心が折れそうな人等々、現実の営業を進めていく上では様々な問題に悩むことも事実でしょう。しかし、そうした問題の中には、知識と技術で解決できるものもあるし、心理学を応用した対応や自身のメンタル管理で乗り越えていけるものもあります。

この本では、精神科医として学び、日々活用してきた心理学の知識と経験をもとにして、初対面の人と接するにあたっての準備、営業にあたってのコミュニケーションのとり方、困った人との付き合い方、そして自分自身の心の健康法について述べていきたいと思います。

誰でも元気で快活な人と会っていると楽しく、自分も元気になり、また会いたくなるものです。「元気」は営業の武器であり、心の健康管理は大切です。

それでは、精神科医が営業マンとして行動するとしたらどうするか、具体的に述べていくことにしましょう。

第一章　営業に出かける前にまず準備

スポーツでは、大きな試合の前に「万全のコンディションで臨む」ということをよく耳にしますが、コンディションとは調子や状態、条件といったことです。

つまり、コンディションを整えるということは、単に体調を整えるだけでなく、試合に使う道具を点検したり、試合運びのシミュレーションを行うなど、闘う前に自らの力を一〇〇％出せるよう入念に準備をするということです。

営業にも同じことがいえます。営業に臨む前に、重要なのは準備です。営業相手の信頼を得るために、できることはすべてやっておく。特に、初対面の相手の場合は、準備を怠らないようにしなければなりません。

また、自分なりに納得のいく準備をすることにより、営業に臨むにあたって精神的な余裕を持つことができるはずです。

いずれにせよ、準備をせずに「当たって砕けろ」では、当然のことながら成功の確率は低くなるということを頭に入れておいてください。

すべては第一印象から始まる

さて、営業マンが仕事に臨む前の準備ということでいえば、まず知っておかなければならないのは、初対面の相手に与える第一印象は極めて重要だということです。

人は、好意を持っている人の話は信頼しますが、そうでない人の話に対しては心理的な拒絶反応を起こします。たとえ、その話が正しくて営業相手の利益になることであったとしてもそうです。

これは精神科医においても変わりません。カウンセリング治療の場合、最も重要なのは「ラポール」だとされています。ラポールとは、セラピスト（医師）とクライアント（患者）との間における信頼関係のことです。患者から、この先生だったら何でも話してもいいという信頼を得ることです。嫌な先生だ、この医者は何もわかっていないと患者に思われたら、カウンセリングは不調となります。医師が患者のためを思っていくら話したところで、患者の耳には入らないからです。

日本ではカウセリングが主流でないため、あまり重要視されていないようですが、アメリカではまず患者に好感を持ってもらうことが第一とされています。この人は頼りになる先生だと思ってもらうことが、治療を左右することにもなるからです。

また、ある研究によると、患者が医師を信頼している場合と信頼していない場合とでは、薬の効果は三割ぐらい違うとしています。信頼している医師からもらった薬は良く効くが、不信感を抱いている医師が出した薬はあまり効かない。いわゆる「プラセボ効果」といわれるもので、本当は治療に効果のある薬とは無関係の偽薬（プラセボ）であっても、医師が本物の薬のように患者に処方すると、実際に治療効果が出ることがあります。

この心理的効果は、意外と大きいようです。かつてプラセボ効果は三〇％とか三五％といわれていましたが、現在では信頼されている医師が偽薬を出すと五〇％ぐらいは効くとさえいわれています。

要するに、第一印象をいかに良くして患者の信頼を得るかが、医師にとって非常に重要だということです。

こうしたことは、営業マンにとってもあてはまるはずです。

相手はあなたの話を聞いてくれるか。あなたの話を信じてくれるのかどうか。

その第一関門は、初めて会った時の第一印象によって左右されます。最初に悪い印象を持たれると、その印象を変えるためには大変な労力を要することになります。信頼を取り戻すチャンスを与えてもらえればいい方で、二度と話をまともに聞いてくれない、それどころかもう会ってもらえないなどということにもなりかねません。

バイアスを見抜く

ところで、認知科学の世界には「バイアス」という言葉があります。一般的には偏見といわれるものです。そして、その中には「ポジティブバイアス」と「ネガティブバイアス」といわれるものがあります。

ポジティブバイアスとは、「黒人はリズム感がいい」、「セールスマンは商品知識が豊富だ」、「精神科医は弱者の味方だ」といったように、相手のことを必要以上にポジティブに捉える偏見です。一方で、ネガティブバイアスというのは、「黒人は凶暴だ」、「セールスマンは客のことをだまそうとしている」、「精神科医は患者を薬漬けにして大人しくさせることだけを考えている」というように、相手のことを現実以上に悪く考える偏見のことです。

第一印象とか、ラポールというのはこちらで作り上げていくもの、そのように努めるものですが、バイアスの場合は、もともとそれがあるわけですから、相手のバイアスを読んでいかないといけません。

たとえば、客の中には「立て板に水のように話す営業マンは、客をだますのがうまい」

という バイアスを持っている人がいます。このような場合、売ろうとしている製品やサービスのメリットばかり強調して、ディメリットは決して言わないという態度では、よけいに疑われてしまいます。

こういうバイアスを持っていそうだと感じたら、営業相手に質問をしてみたり、わざと朴訥に話すようにして、相手を信頼の方向にもっていかないといけません。また、これまで優秀なセールスマンより、口下手なセールスマンからよく買っているという情報があれば、その人は「話が下手な、あがり症の人の方が信頼できる」というバイアスを持っているかもしれません。それが読めれば、セールストークがうまくいくことでしょう。逆に営業マンの知識にポジティブバイアスを持っていると読めた場合は、他社製品との比較や細かいスペックの説明、可能な不具合と対処法などを上手に話せば、その客の信頼はますます高まるでしょう。

ただ、初対面で相手のバイアスを読むのは困難です。

営業マンは話がうまくて、自分の儲けのためには相手に損をさせることは厭わないと思われることが一般に多いようです。そうした意味では、営業という仕事はネガティブバイアスがかかった状態からスタートするといえるかもしれません。

つまり、相手がどんなバイアスをもっているかわからない時には、この手のネガティブバイアスを前提にして、日常的な失敗談や自分の会社への不満などから話題に入って、人間的な誠実さを売りにする方が、友好的といえます。

ポジティブバイアスが生じる最も大きな要因は、「好き」という感情です。つまり、相手に好意を持ってもらえれば、話の内容も信用してもらえるようになるというわけです。相手に人間的に好かれると、悪いバイアスを持っていても、「この人は例外」だと思ってもらいやすいのです。逆に一度嫌われてしまえば、営業相手にとってどんなに有益な話であったとしても胡散臭く受け止められてしまいがちです。相手にネガティブバイアスがかかることを防ぎ、いかにポジティブバイアスが生じる状態にもっていくか。

それを考えると、繰り返しになりますが、相手の警戒心を解き好意を持ってもらうためには、相手に与える第一印象が極めて重要です。

それでは、営業に出かける前に、まず何に注意して、どんな準備をしたらいいのか、具体的に述べていきましょう。

人は見た目で判断する

人の第一印象を決定づける要因は何でしょうか。一〇年ほど前、『人は見た目が9割』（竹内一郎：新潮新書）という本がベストセラーとなりましたが、確かに第一印象ということでいえば、まずは外見です。見かけです。

初めて会う相手に、自分の中身を見てほしい、まずは商品やサービスについて聞いてから判断してほしいといっても無理な話です。自分を理解してもらうには、まず時間をもらわなければなりません。

みなさんも初対面の人と会った時、話を聞いてみるだけの価値があるか、信用できそうかどうかは、まず見かけで判断するはずです。

ただ、ここでいう外見とは、あくまでビジネスマンとしての外見です。相手にとって、自分がビジネスの相手として信頼できるように見えるかどうか、ということです。それには、容姿だけでなく、話し方や表情も含まれます。

その第一歩が服装と言っていいでしょう
一般にビジネスの世界では、だらしない格好をしていると性格も大雑把《おおざっぱ》だとみられます。プライベートではともかく、営業とは製品やサービスを買ってもらうビジネスの世界の仕事です。誰しもお金が関係した話で、杜撰《ずさん》な人と取引したいとは思わないはずです。

また、最近では、顧客にアドバイスして商品を売るというコンサルティング型の営業も増えています。そうなると、きちんとした身なりをして、知的なイメージを作り出すことは特に重要になってきます。これは男性、女性を問わず変わりません。

精神科医も見た目が大事

余談ですが、私が精神科医になりたての頃、精神障害者の解放運動に熱心な病院に勤務したことがあります。当時、日本は先進国の仲間入りをしてはいましたが、精神科ではまだ患者を鍵の掛かった病室に閉じ込めておくというような旧態依然の病院が多い時代でした。

私が勤務した病院はそうした状況の改革に熱心な病院だったこともあって、学生運動上がりの先輩医師が多く、彼らは院内でも白衣を着ずに、ジーンズにポロシャツなどラフな格好をしていました。それには、患者をひとりの人間として尊重して対等に接し、医師との間にある障壁をなくしてコミュニケーションを円滑にするという理由があったと思われます。実際、当時の先輩医師たちは、彼らなりの理想を持っていたのでしょう。

けれども、私はそうした雰囲気に違和感を持ち、あえてスーツにネクタイというコンサバティブなスタイルで通しました。

その理由は、自分が童顔で若く見られがちだったこともありましたし、アメリカの精神科医を参考にしたのですが、スーツのスタイルの方が多少なりとも患者や家族の方々の信頼を得られやすいと思ったからです。そして、それが医師として本当の意味で患者本位の在り方だと考えたからです。それと、相手がどんなバイアスを持っているのかわからない場合、そんなラフなかっこうで診られるとバカにされたように相手が思うリスクも考えたからです。

そもそも、患者は医師に対して何を求めているのでしょうか。いうまでもなく、それは自分の病気を治してくれることです。そして、誰しも信頼できる医師にかかりたいと思うはずです。患者の立場に立って考えると、医師が自分と同レベルの単なる「友だち」では困るのです。

精神科医にとっても、まず大切なのは患者からの信頼であり、そのための演出は必要であると当時から私は考えていました。もちろん、それは患者に対して傲慢《ごうまん》な態度をとるということではありません。いうまでもないことですが、スーツに白衣だから患者を人間として尊重しないということにはなりません。患者が一般に抱くであろう「信頼できる医師」というイメージに合わせ、まずは信頼を得るということです。

最近の私はというと、いつの間にか高齢者を対象にした診療が専門となり、老人ホームに診察に行くこともありますが、相変わらず基本的に服装はスーツとネクタイです（病院の指定で白衣を着ることもありますが、あえて逆らうことはありません）。高齢者が抱く「信頼できる医師」のイメージに合わせているわけです。実際、これは患者の信頼を得る上で効果的でした。

たかが服装と侮《あなど》るなかれ

ともあれ、人と接する時に相手に合わせた「身なり」や「見かけ」にすることは、良好な第一印象を与える上でとても重要なことです。

ファッションに自分なりのポリシーを持ち、個性的な格好をする。プライベートならば、個性の主張もいいでしょうし、あなたの魅力の一つとなるかもしれません。しかし、ラフな格好をすることによって、自分は誰にでもオープンな人間であることを表現しているつもりだったとしても、相手がそう受けとめてくれるとは限りません。

思い返せば、私が医師になった頃は勤務した病院に限らず、若い医師の間でラフなスタイルをすることがトレンドとなっているように見受けられました。その裏には、医師はサラリーマンではないのだから、制服のようなスーツを着る必要はないという心理も働いていたのではないでしょうか。組織に従属していない一匹狼のようで格好良かったのかもしれません。しかし、別の見方をすれば、それはサラリーマンに対する優越意識でもあり、自分たちは特権階級であるという傲慢さの顕《あらわ》れともいえます。実際、患者はそう感じていたかもしれません。

たかが服装と思われるかもしれませんが、相手に与える第一印象ということを考えると、どのような服装で営業相手に接するかということは、ことのほか重要なのです。

営業マンの服装は定番のスーツ

営業に話を戻しましょう。営業マンが良い第一印象を得るための「見た目」で最も気を付けるべきは、まず何といっても服装です。そして、信頼できるビジネススタイルの定番は現在のところ、やはりスーツでしょう。

最近では、「クールビズ」や「カジュアルデイ」などを導入する会社もあり、ビジネスの現場でもカジュアルなスタイルが増えていますが、一般論として営業にはスーツとネクタイで臨んだ方が得策です。なぜなら、スーツにネクタイであれば、少なくとも服装によるマイナスイメージというリスクだけは回避できるからです。

確かに、派手で個性的な服装をした、あるいはラフな格好をした営業マンに好感を持つ相手もいるにはいるでしょう。しかし、そうした相手でさえ、清潔感のある普通のスーツ姿の営業マンに、特別な好感は持たないにせよ、嫌悪感を持つことはないはずです。そして、一般には、普通のスーツ姿に一種の安心感を持つ人の方が多いはずです。

営業相手に与える印象を考えた時、どのような服装がよりリスクを軽減できるか、要は確率の問題なのです。特殊な恰好をして、最初からハンディを抱える必要はありません。

ラフな格好は、ルーズな印象を与えかねません。堅苦しくなく親しみやすさを演出することになるかもしれませんが、営業は契約までこぎつけて最終的にお金を出してもらう仕事です。

紺色やグレーのスーツを着ることは、どこにでもいるサラリーマンと同じで、個性がなく目立たず不利になるのではないかと思う人もいるかもしれませんが、実際は逆です。

常識があり真面目な印象を与えることが大事

まずは、相手に自分を普通の常識のある人間だと思ってもらうことが先決なのです。きちんとしたスーツ姿は「真面目さ」のシンボルでもあります。真面目な印象は営業の現場では損にはなりません。営業マンというのは、客をだまそうとしているものだというネガティブバイアスを持たれていることが多いということを考えると、真面目さを売りにすることは営業マンにとってネガティブかポジティブかといえば、「真面目な人には悪いことができない」といったようなポジティブバイアスにフィットすることの方が多いはずです。

さらにいえば、同じスーツでもシンプルなデザインで悪目立ちしない色合いの、ごく普通のスーツにした方が真面目に見られます。ワイシャツにしても、カラーや柄ものよりもホワイトシャツの方が真面目に見えます。

ちょっとした個性を出したいのであれば、ネクタイや時計で出せばよいでしょう。ただし、特に時計などはひと目で高価なブランド品とわかるものは避けた方が無難です。営業先の相手がごく普通のサラリーマン（ただし、営業マンに対してはだまそうとしていると いうネガティブなバイアスを持っているのかもしれません）であれば、高価な品をこれ見よがしに身に着けた営業マンに対してどう思うか、想像力を働かさなくてはなりません。

また、何のおまじないか手首に数珠のブレスレットを着けた営業マンを時折見かけますが、特定の宗教を想像させる装飾品も避けるべきでしょう。営業の現場では、政治や宗教に関わるちょっとしたことが、時に激烈な反応を引き起こすことがあります。

高価なブランド時計にせよ、お守りの数珠にせよ、仕事が終わり会社を出てから身につければいいのです。

面倒だと思われるかもしれませんが、あなたが営業で成功しようと思っているのであれば、それぐらいの気配りは必要です。要は、個人的嗜好や思想信条と現実の仕事は峻別《しゅんべつ》しなければならないということです。多くの人間と接する営業マンには、特にそれが求められます。

個性はプライベートの時間に主張すればいいのであって、営業の現場では相手に自分がどう映るかを基準に考える。テレビドラマのビジネスマンを見ても、地味目のスーツにネクタイといったスタイルがほとんどです。営業の仕事を進める上で、ファッションで自分のポリシーを主張して、わざわざ営業先に入り込むためのハードルを上げる必要はありません。

ただでさえ、相手は営業マンに対するネガティブバイアスを持っている場合が多いわけで、そこは意識しておいた方がいいでしょう。

ＩＴ系やクリエイティブ系の人たちもＴＰＯをわきまえている

一方、業種によって服装の基準が変わることは確かにあります。たとえば、ＩＴ業界などではノータイ、ジーンズが一般的で、ブレザーにＴシャツなどという人もいます。アップルのスティーブ・ジョブズといえば、黒のタートルネックにジーンズでした。その業界には、その業界のスタンダードがあります。

ただ、ＩＴ業界の人でも、できる人たちは状況に合わせてファッションを変えています。私の知り合いの、あるベンチャー経営者は、普段は汚い格好をしていますが、投資先の会社のパーティで会った時はスーツ姿で決めていました。彼がスーツを着ているのを、そのとき初めて見ました。

マイクロソフトの創業者で大富豪として知られるビル・ゲイツも、普段は会社でもラフな格好をしていますが、大企業を訪問するときはスーツ姿でした。ましてや、取引きの交渉現場に臨む営業マンの場合、ド派手なスーツやラフな格好をすることは、IT業界といえどもまずあり得ません。

そのあたりの事情はクリエイティブ業界でも同様です。たとえば、広告業界といえばラフなスタイルの代表のようにみられがちですが、現実にはクリエーターはラフな装いであっても、企業を相手に広告を営業する担当者たちはスーツ姿です。

要するに、重要なのはTPOなのです。T（時）とP（場所）とO（状況）に合わせて、最も効果的なスタイルをするのが、できるビジネスマンなのです。

その意味で、わざとラフな服装で営業をする場合もあるわけです。

アイデアや企画を売る商売では、あえてラフな格好をした方がいい場合があります。普通の格好をしていると、アイデアも平凡なのではないかと思われかねません。この人は自分たちとは違う、と相手に見せることで、アイデアも非凡なものだと思わせるプレゼンテーションを行うわけです。これもまた、心理作戦です。

このバリエーションでいえば、富裕層を相手にする営業マンは高価なスーツを着て豪華な雰囲気を演出するとか、ファッションブランドの女性担当者は自分自身も洗練されたファッションをしていなければならないとか、売ろうとする商品やサービスによって服装の条件は変わってくることがあります。

ただ、これらはいずれも、いかに好印象を与えて、相手の認知パターンを変えていくかという方法論のバリエーションであり、きちんとしたスーツ姿を定番とした上でのテクニックです。

ともあれ、自分が売ろうとしているものに関する営業のＴＰＯを誤ると、火傷をすることになりかねないので気を付けなければなりません。

ビジネス向きのヘアスタイル

髪型も人の印象を左右します。就職活動期になると、学生たちは髪を切って、茶髪を黒髪に戻していますが、これなども自分を売り込むための「営業」的な準備の一つといえるでしょう。企業の採用担当者が抱く印象を想像して自分を演出しているわけです。

就活ではありませんが、営業においても一般に髪型はオーソドックスなものにしていた方が信用されます。営業マンはタレントや芸人ではないのですから、ここで個性を主張する意味はありません。

女性の場合、ビジネスの世界ではロングヘアよりもショートヘアの方が、「できる女性」

というイメージを相手に与えます。髪のケアよりも、仕事の時間を優先しているというイメージがあるのかもしれません。また、ヘアスタイルによって、顔を細く見せたり、丸く見せたりすることも可能でしょう。

アメリカのキャリアウーマンもショートが主流です。『ワーキング・ガール』というハリウッド映画がありましたが、主役である秘書だった女性がキャリアウーマンに見せるためにまずしたことは、髪を切りスーツ姿になることでした。

すべからく、世の中はまず外から見える印象を重視しているのですから、それに従うということなのです。

眼鏡もイメージをつくる小道具のひとつとして使えます。男女ともに眼鏡をかけている人の方が知的に見えがちです。コンタクトレンズの人でも、営業の時は眼鏡にするという選択があります。

また、男性の場合、髭は剃っておくことです。中東のような男性は髭を蓄えるものという文化の世界では別ですが、日本の場合は剃っておいた方が無難です。

童顔の場合、髭は年齢を高く見せる手段にもなりますが、現在の日本のビジネス社会では、髭は一般的ではありませんし、特に高齢者層は髭に馴染んでいません。自分は普通のビジネスマンではないのだという演出にはなりますが、真面目、信頼という第一印象で相手に与えたいイメージからいうと、できるだけ剃っておいた方がいいでしょう。

きちんと髭を剃っておくことは、清潔なイメージを与える事にもなります。

足元は常に人に見られている

服装やヘアスタイルと同様、「見かけ」でとても重要なのは足元、つまり靴です。

実際、優れた営業マンは、口をそろえて靴がいかに大切かということを指摘しています。

実は、意外に人は相手の足元をしっかりと見ているものなのです。

いくら良いスーツを着込んでいても、靴がボロボロだったり汚かったりしたら、あなたの印象は台無しになってしまいます。汚れた靴は、それだけで人に不快感を与え、ひいては契約の成否を左右しかねません。

といっても、何も高価な靴を買う必要はありません。要は、清潔感があればいいのであり、日頃から手入れをしていれば問題ありません。

また、営業という仕事の大半は外回りであることから、ビジネスシューズは歩きやすいということも非常に大切です。

いずれにせよ、営業マンにとって靴は意外に重要な道具であり、武士にとっての刀のようなものです。そのことを自覚し、丈夫で履きやすいものを選び、常に手入れをしておく必要があります。

さらにいえば、靴の色は黒か茶色、靴下はそれに合わせて黒かグレーが無難でしょう。

なお、営業マンが持ち歩く鞄についても靴と同様なことがいえます。

「型」を軽んじてはならない

外見、見かけというものは、とかく表面的なことと思われがちです。しかし、そうした「型」から入ることで、「心」が変わるという側面も小さくありません。

スーツ、ネクタイを着用することによって、きちんとしたビジネスマンだという目で見られていると思うと、自分も周囲の目に合わせて行動するようになっていくということがあります。

また、自分自身に気合を入れるためにも、カチッとした格好をすると効果があるのです。ラフな服装でいれば、休みの日の気分と変わりませんが、スーツを着てネクタイを締めると、気分も仕事モードになってくる。

反対に、「型」が崩れていると気が緩んでくることもあります。約束の時間に遅れたり、タメ口で話をしたり、プライベートの気分が抜けず、ビジネスをする相手としての信用を失うことになりかねません。

「型」から入ることで、中身も「型」に近づこうとし、最初は外見だけだったのに「できる営業」へと次第に中身も充実していく。「型」から入るというのは、自分を成長させていく一つの方法にもなり得るのです。

できる営業の「型」を持つことは、相手に好印象を持ってもらうだけでなく、自分自身の気分も高めてくれます。

勝負時の営業に際しては同じネクタイをしていくという人がいますが、自分に成功体験のイメージをよみがえらせる効果を果たしているといえるのかもしれません。

服装は他人だけでなく、自分自身にとっても重要なのです。

美男美女は営業に有利か

最近は営業だけでなく、就職活動などでも「外見」の重要性が認識されるようになってきています。これが過剰に意識されるようになると、韓国社会での整形ブームのような話にもなります。さて、外見には容姿も含まれるのでしょうか。

一言で言えば、美男・美女であるかどうかで気に病むことなどありません。合コンなどは別でしょうが、営業の世界では美男・美女が必ずしも得だとはいえません。

イケメンは時にはバカなことをしないと気取っていると思われますし、美女は普通にしていてもツンとしていると敬遠されたりします。ビジネスは得か損かのシビアな世界ですから、容姿の良し悪しで契約がとれるほど単純ではありません。

ところで、面白いことに日本とアメリカでは、「できるビジネマン」のイメージに違いがあるようです。

アメリカでは、知的に見える人間が「できる人間」とされ、賢そうに見えないとビジネス社会を乗りきれません。一方、日本の場合は必ずしもそうではなく、特に営業マンの場合は賢さよりも多少ダメそうに見えた方が愛されたりもします。

人間には「賢そうに見えるタイプ」が好きな人と、「ちょっとダメそうなタイプ」が好きな人がいるようです。前述のように営業マンとして、どちらに見せた方がいいのかは、相手を見て判断しなければなりません。

かつては、ダメそうなタイプがけっこう受けていました。まず、ダメそうなタイプに見られて可愛がられ、相手の懐に入り込み、そのうち本来の賢さを出して信頼を厚くするという手法です。

しかし、最近は法人営業では、相手の担当者はすぐに結果を求めます。また、個人営業でも富裕層などが相手になると、最初から賢そうに見せた方がいい場合もあります。

いずれにせよ、イケメンか美女かというのは営業マンにとっては重要ではなく、知的に見える服装であるとか、知的な話し方の方が営業相手の信頼を得る上で大切です。

自分の顔を知っておく

ただ、自分の顔について認識しておくことを忘れてはいけません。周囲を見れば、頭が良さそうに見える顔、無愛想に見える顔、愛嬌のある顔と人それぞれですが、どの顔にも一長一短のイメージがあります。細面の引き締まった顔は頭が良さそうですが、半面、冷たそうに見えることもある。太って、ぽっちゃりした人は、頭は良さそうに見えないが、親しみやすさがあり、やさしそうに見える。女性も美人は頭が良さそうに見えますが、ツンとして近寄りがたく見える。また、アイドルのようにかわいいタイプは親しみやすいけれども、頭が切れそうには見られない。こうしたことは、すべて本人の中身とは別の問題です。しかし、あなたの顔が、相手からそう見られがちだということは認識しておく必要があります。そして、こうしたことはファッションやヘアスタイルなどの工夫によってカバーすることができるのです。

先にも述べましたが、私は童顔です。医師として「童顔」は「若くて未熟」というネガティブバイアスを患者さんに持たれかねません。そこで、相手が持つ「落ち着いて信頼できる医師」というイメージを意識して、新人時代も、高齢者層を相手にしている今でも、スーツとネクタイで臨むようにしているわけです。

営業として信頼を得る上でマイナスとなるイメージが自分の顔にあったとしても、スーツであったり、髪型であったり、眼鏡であったり、と演出の方法はいろいろとあります。

また、同じ顔であっても、取り扱う商品・サービスにとってプラスかマイナスかは変わります。私の場合、医師としては「童顔」は「未熟」というネガティブな要素になる恐れを持ちますが、もう一つの取り組んでいる受験生向け教育について言えば、童顔は「お兄さん」的なイメージで親しみやすさを生み、プラスに働いています。

自分の顔の特徴を知り、相手に合わせた戦略を立てて、自分自身を演出する。その方法さえ知っておけば、整形という考えにはならないでしょう。自分のイメージを演出するにあたっては、いろいろと方法があるのです。

スリムな体型の方が知的に見える

アメリカでは、エリートといわれるビジネスマンはみなスリムな体型を保っています。太っていると、自己管理能力が欠けていると思われるからです。海外から日本に出張に来た外国人ビジネスマンが、ホテルの周りをジョギングしたり、フィットネスルームに通ったりしている姿をよく見るのもこのためです。一方、アメリカの下流層はコーラとファストフードといった貧しい食生活のためか、一般に肥満度が高いとされています。日本でも、アメリカ流のビジネス思想が入ってきていることから、法人営業の場合にはスリムな方がいいかもしれません。

ただ、スリムといいましたが、あくまでも程度の問題であり、極端な肥満はよろしくないだろうということです。ややポッチャリしている体型という程度であれば、まったく問題ありません。逆に、やせ過ぎの体型よりは好感を持たれるでしょう。

太めの人で、自分を知的な営業マンに見せたい人はダイエットに頑張ってみるのもいいでしょうが、太っている人には大らかで温かい人間に見えるというメリットもあります。特に日本ではその傾向が強いのです。

スリムな人は知的な半面、冷たく見えることもあります。消費者を相手とした個人営業の場合は、ちょっと太めの方が安心感を与えるかもしれません。

相手を見ながら、自分がどう見えるのか、考えることです。

営業現場でのタバコはタブー

アメリカでは、喫煙は、エリートビジネスマンはもちろん、普通の営業マンであってもやめるべきだとされています。特にエリートの場合、体型と同じく自己管理能力の問題として捉えられがちです。プライベートな場では、格好良く見せるための演出になるかもしれませんが、ビジネスの現場では愛煙家の人に仲間とみられるぐらいで、あまり得はありません。特に昨今の日本社会では、健康面からも環境面からも、タバコのイメージは決してよくはありません。

また、最近は禁煙の場所が増えているので、タバコの臭いは思っている以上に鼻につきます。タバコを吸わない人にとっては、かなり気になります。営業必勝法を紹介したアメリカの本の中には、「営業がしてはいけないこと」の一つに「喫煙しない」を筆頭に持ってきているものもあります。相手に少しでも不快感を与えるリスクがあるものは排除しようというわけです。タバコは緊張を解きほぐすために愛用する人もいるようですが、営業の前は避けておいた方がいいでしょう。仕事が終わってからまで我慢することはありませんが、営業の仕事の間は禁煙を心がけるべきでしょう。これも営業マンに求められる準備のひとつです。

もし禁煙ができないなら、必ず喫煙所でタバコを吸うというマナーも大切です。喫煙所には普段虐げられていると思っている愛煙家が集まるので、仲間意識から思わぬビジネスチャンスも生まれることを忘れてはいけません。

服装、髪型、容貌。いずれも外見だけじゃないかと思われるかもしれませんが、営業の

「型」は、お客様が第一印象で自分に信頼感を持ってもらう心理的なきっかけになると同時に、自分自身が元気な営業モードに入るスイッチになる役割も果たしてくれるものです。相手の心理にも自分の心理にも、ポジティブに働く可能性があるのです。

第一印象が重要と繰り返し述べてきたので、緊張してしまった人もいるかもしれませんが、過剰に気を使う必要はありません。自分は「口下手だ」とか、すぐに顔が赤くなってしまうとか、そういうことを相手はほとんど気にしていないのです。テレビでも、視聴者は、コメンテーターの発言よりも、どんなネクタイをしていたとか、髪型がどうだったとか、外見の方に目が向いたという話もあります。まずは「型」から入って、準備してみましょう。

欠点を気にするよりも自分が持っている長所を少しでも多く出し、相手に好印象を与える「型」を考えてみるべきでしょう。

第二章　聞く能力と伝える能力

営業マンのコミュニケーション能力

さて、第一章では服装など「見た目」の大切さについて述べてきました。特に営業先の相手が初対面の場合は、まず視覚的な印象が重要になるということは既に述べた通りです。

しかし、いくら服装や容姿が整っていても、その先、つまり話し方がだめであれば、すべての演出は無に帰してしまいます。

営業の現場では、当然のことながらコミュニケーション能力が非常に重要になります。外見で好印象を与えたら、その次はどのようにこちらの考えを伝え、相手のニーズを捉えて、製品やサービスを紹介していくのか、営業マンの腕が問われるところです。

精神科医は、どのような相手とでもコミュニケーションが成立しなければ仕事にならないことから、患者がどんなタイプの人間かを知ることが上手です。その理由の一つには、心理学を勉強していて様々な人間のモデルを知っており、この人はこういう性格の人だという類型化が得意だということがあります。しかし、それ以上に重要なことは、精神科医は相手の話をきちんと聞くことの大切さを知っているということです。

日本ではそうでもありませんが、アメリカ流のカウンセリングの場合、患者の話を聞くことに長い時間をかけます。その人がどんな人間か、即座にはわからなくても、一カ月、二カ月の間、毎回患者の話を聞いていくうちに、相手がどんな人で、どんなことを考える人かがわかってくるのです。日本の精神科の治療では、患者は自分が話すよりも医者から言葉をたくさんもらわないと、ありがたみをあまり感じないようです。自分が一方的に話をして治療費を払うのでは、損をしてしまったような気がする患者が多いようです。実際には、医者が患者の話をいろいろと聞くことで、どんな状態にあるのか、どこに問題があるのか、をまず理解する。そこからカウンセリングが進んでいくのです。

営業マンの場合も、精神科医と同様、お客さんがどのようなタイプの人かを理解するためには、相手の話を聞くということが重要です。どんな製品やサービスを売るにしても、相手を理解しなければ成果は上がらないし、きちんと話を聞いてくれる人物であるということは相手の中に信頼感を生み出すことになり、コミュニケーションを円滑にします。

若い人たちは「コミュ力」という言葉をよく使います。面白い話題をたくさん持ち、巧みな話術で相手を楽しませる。空気を読むことが求められる現在の社会では友達作りに欠かせない能力であり、就活でも重視されているようです。「コミュ力」は、上手に受けの良い話ができる能力、つまり話す能力という意味で使われていることが多いようです。しかし、ビジネスで求められる本当のコミュニケーション能力は、聞く力です。相手の話をきちんと聞いて、本当に求めているものを探り、そして信頼関係を築くこと。相手の話を引き出す能力といってもいいかもしれません。

聞く力の大切さ

繰り返しになりますが、コミュニケーションは双方向であるからこそ意味があるもので、相手の心を知り、信頼関係を築くコミュニケーションをつくるためには、話す力以上に聞く力が大切です。実際に営業の現場に出て担当者と対面した時、ありがちなのは、相手の話を聞くよりも、次に自分が何を話すか、どう話を返すかだけに神経が向かってしまうことです。人の話を聞くよりも、自分の考えをまとめることで精一杯になってしまうのです。相手が話している時も、「どう言えば、相手に製品の良さを理解してもらえるのか」、「どう反論したら良いのか」などといったことばかりを考えていたりします。

目の前の商談に早く決着をつけてしまいたい気持ちはわかりますが、自分のことばかり考えていては、相手が話したいことも求めていることもわかりません。「今日のところは相手の話を聞いてみるか」といったくらいの余裕を持って、耳を傾けてみることです。落ち着けば、相手の話に集中できるし、相手が求めるものも見えてきます。

聞く力をトレーニングするには、営業ほどうってつけの仕事はありません。毎日、様々なタイプの人間と会話することができます。それぞれ、年齢、性別も違えば、性格も異なります。話し方も様々で、みんながみんな話上手なわけでもありません。おしゃべりな人もいれば、無口な人もいる。誰に対してもオープンな性格な人もいれば、どこまでも疑り深い人もいます。学校や職場での仲間内での会話と違って、そうした様々なタイプの人々と接することはストレスでもありますが、いろいろな立場の人の話を我慢して聞いてみることで、聞く力は鍛えられます。また、それによって話す力も強化するし、何よりも相手から信頼される力を強化してくれます。営業は人間力を育ててくれる職場でもあるのです。

相手の話を聞く環境を整える

本当のコミュニケーションができる関係をつくっていくためには、こちらが言い放しではなく、相手の発言を促す。そして、何よりも相手が話しやすい環境を作っていかなければなりません。説明の際には、「どう思われますか」、「わかりにくいでしょうか」などと相手に質問しながら進めていくのもいいし、相手が話し始めたら、「そうなんですね」、

「なるほど」といった言葉を入れて、相手の言葉を促していくのもいいでしょう。

その際、特に気をつけるべきことは、相手の発言に対して否定から入らないことです。

精神科医の場合を例にとってみましょう。

ある患者が、職場や上司の悪口を言い立てたとします。それが被害妄想のように思えたとしても、相手の病理がわかるまでは、精神科医は余計なことを言いません。「そんなことをする人はいませんよ。それはあなたの被害妄想でしょう」などと言ったら、相手は沈黙してしまうからです。そうなると、本当のことはわからなくなります。

どんな人の話でも聞くことができるというのは、とても重要なことです。若い人は面白い話をする人を見ると「コミュ力」とすぐに言いますが、現実にはコミュニケーション能力の達人など、そうはいないのです。人によっては、自分が本当は何を求めているのか、本人自身が正確に意識していないことさえあります。

会話を重ねることで「この人は自分の気持ちに向き合ってくれるのだ」と相手の信頼感を得て、初めて相手のニーズをつかむことができます。よもやま話の中から、本質的なニーズがどこにあるのかを探り当てることにもなる。そして、本音を聞くには、それだけの努力が必要になります。

あるメーカーの経営者は、相手の本音にたどり着くまでに、「昔話が一時間、自慢話を一時間聞いて、やっと出てくる」などという話をしていました。

営業が失敗する原因のひとつは、顧客に関する情報が少ない中で、売り込もうとするからです。多くの情報を持った上で攻めた方が成功する確率は高いわけです。

長期にわたる取引関係を築こうと思えば、人間関係をつくるのに焦ってはいけません。

話す一方の追い込み型営業はリピーターを残さない

営業の中には、速攻型のセールスもあります。製品・サービスのリピーターなど求めない。自分たち自身が長続きするような商品とは思っていない。流行の波に乗って、できるだけ売り切ってしまえばいい。一回売ってしまえばそれでおしまい、という刹那的な商法です。こうした営業でよく使われるのは相手を焦らせる方法です。

相手の話など聞かず、一方的に自分の話をまくしたて、自分のシナリオの中の世界に相手を閉じ込める。「いま買わないと、もうチャンスはない」、「安いのは今だけ」と追い込むわけです。基本的に、下手な鉄砲も数を撃ちゃ当たるという戦法ですが、こういう手法に乗ってしまう人が一定の比率で存在することも確かです。

もともと製品の寿命が短く、長く続くような商品ではないのだから、という割り切りがあるのかもしれません。しかし、営業という仕事にとって、こうした追い込み型の方法は効率的とはいえません。新規顧客の開拓には、エネルギーとコストがかかります。長期の顧客を確保し蓄積していかなければ、営業は疲弊してしまいます。精神科医もそうですが、営業マンも、次から次へと新しい顧客を探していけばいいというものではないのです。

アメリカの精神科医は、カウンセリングにあたって、一回一時間といったように長い時間をかけて話を聞きます。一方、日本では一回五分などという場合もあり、「五分診療」と揶揄《やゆ》されたりもします。本当に五分で済ませてしまっている医者もいますが、日本でも治療が思うように進んでいない患者や注意をした方がいい患者については、初診の時や時間に余裕のある時に長い時間（といっても、二〇～三〇分ですが）を取りますし、一回五分であっても五年、一〇年と長い期間をかけることでその間の話を総合し、この人は本当に何に悩んでいるのか、何を望んでいるのかを探っていく場合もあります。

長い時間をかけて話を聞く時間などないという人もいるでしょうが、工夫次第で時間はつくれるかもしれません。

アメリカの有名な調査報道のジャーナリストは、取材先の人間には三種類のタイプがあると言っています。第一に最初から何でも親切に教えてくれる人。二番目はよく取材して勉強していると思えば話してくれる人。三番目は事実を突きつけない限り話してくれない人。一番目の人たちでネタを仕込み、そこで蓄積した情報で二番目の人々の信頼を得て真相に迫り、最後に三番目の人たちに調査結果に対する反論があるならば聞く、という態度で臨むといいます。営業の場合も、短期で実績を上げられる人と時間をかけて信頼関係を築く人を分けて、時間を配分していくことがいいのかもしれません。目の前の成績は大切ですが、次へ向けての種まきも欠かせません。

話にこだわり過ぎると本音が見えなくなる

人間は複雑です。相手の話を聞くようにとは述べましたが、人の話というものは、相手の言っていることをそのまま受け取るとうまくいかないことがあります。

精神科医の例をあげましょう。

精神科医の診療でも、通り一遍の聞き方では、患者は自分が抱えている症状のことしか話しません。たとえば、「私は顔が赤くなって困る。そのために人に嫌われているし、仕事もうまくいっていない。先生、何とかしてください」というようなことがあります。そして、顔が赤いから、誰それに嫌われた、こんな失敗をした、という話が延々と続きます。

その話を聞いて

「あなたは顔が赤くなるのを治したいのですね」

「はい。そうです」

「では、あなたは、顔が赤くなるのが治ったら、どうなると思いますか」

と聞くと
「顔が赤くなるのが治ったら、人間関係もうまくいくと思います」

と言います。そこで、

「でも、顔が赤くならない人でも、人間関係がうまくいっていない人はいっぱいいますよね」

と返すと、相手もちょっと考え込みます。さらに、

「あなたの話を聞いていると、顔が赤いことが気になっているというよりも、顔が赤くなるから人間関係がうまくいっていないことを気にしているように思えるのですが。本当は、顔が赤いことよりも、人間関係がうまくいっていないことが気がかりではないのですか」

と聞くと、本当は人に嫌われることが嫌でもうこれ以上嫌われたくない、という話になっていくのです。

「もっと人から好かれる人間になりたいのですか」

「そうなんです」

「では、顔が赤くなることが治らなくても、人に嫌われない方法とか人に好かれる方法とかをいっしょに考えていくのはどうですか」

という話がここから始まります。患者の本当のニーズは、顔が赤くなることを治すことではなかったのです。好かれること、嫌われないようにすることを求めていたのだとわかれば、その解決に向けた最適の方法が出てきます。そこを読み違えて、表面上のニーズに対応しても、本当の満足を相手に与えることはできません。

相手の言葉にこだわると心が見えなくなる

患者が目につきやすい症状にこだわるのは当然といえます。しかし、その症状に医者までこだわってしまうと、対応を誤ります。

患者が「眠れない」というと、それでは、この睡眠薬を試してみましょう、だめだったら、あちらを試してみましょう、というのが一般的な医者の対応ですが、ただ機械的に処理していたのではうまくいきません。そうした場合、実は医者までが患者のこだわりに巻き込まれてしまっているのです。

「眠れない」といわれても、何が原因なのか、それで何が困るのか、仕事に支障が出ているのか。そこまで考えてみる必要があります。横になっているだけでも疲労は回復するものだと話すなど、患者といっしょに何ができるのかを考えてみることもいいでしょう。相手が囚われている症状にこちらも囚われてしまうと、処方する薬だけがどんどん増えていくということになりかねません。問題の解決は、本当のニーズを知ることから始まります。何かあると心臓がドキドキして困るという人に、ただただ安定剤を処方するだけだったら、薬ばかりが増えてしまうこともあります。症状を抱えながら生きていく方法もあるのだと教えるなど、薬に頼るだけでなく、その原因についても患者といっしょに考えていくことが大事です。

相手が症状を訴えてもそれに囚われることなく、症状そのものではなくその原因となっている問題を特定し、解決策を考える。精神科医にとって大切なことですが、これは営業マンにとっても同じことでしょう。

ただ、この方法にしても、医者と患者の信頼関係「ラポール」ができてからの話で、最初からいきなり症状を無視していては、「この人は自分の話を聞いてくれない。きちんと診てくれないお医者さん」ということになってしまいます。まずは、顔が赤くなってどんなに困っているかという話を十分聞いた上で、「困りますねえ。でも、顔を白くする薬ってあると思いますか? ならば、治らなくても人間関係がうまくいく方法を考えてみましょうか」などといった具合にアプローチしていくことになります。言葉を評価する前に、まずはコミュニケーションを通じて信頼関係をつくっていくことが重要なのはいうまでもありません。

伝える力にも影響する「見た目」

ここまで、コミュニケーションにおいて「聞く能力」がいかに大切であるかについて述べてきましたが、もちろん会話は聞くだけでは成立しません。

今度は話し方、つまり「伝える能力」について考えてみましょう。

一般に、人は自分がどのような話し方をしているか、あまり意識していません。しかし、営業マンが自分の話し方に自覚的でないとすれば、プロとはいえません。

たとえば、話す時に語尾を伸ばせば幼稚な印象を相手に与えます。いくらスーツや眼鏡で「できるビジネスマン」に見せても、言葉が幼稚であったら信頼度はガタ落ちです。

自分では意識していなくても、普段そうした言葉で友達と話していると、営業の現場でも思わず同じ口調が出てしまうことがあります。営業の現場では、語尾を伸ばさずきちんと話しているか、妙に馴れ馴れしい口調になっていないか、気をつけなければなりません。

声のトーンについては、一般にやや低めが良いとされています。電気ショップの販売店やテレビ通販の宣伝などでは高い声が効くなどという話もありますが、声のトーンが高いと感情的になっているように聞こえがちです。また、女性の場合は幼く軽い印象を与えてしまい、信頼性を欠くことにもなります。

一方、あまり低すぎる声は、聞き取りにくい上、元気がないように聞こえます。私の経験でも鬱病の患者を診察していると、鬱状態の時に普段よりも声が低くなる傾向がありま す。

いずれにせよ、「この人、どこか体の具合が悪いのではないだろうか」、「心配事でも抱えているのだろうか」などと思われると、相手は落ち着いて話も聞けないし、もう一度会ってみようかという気にもなりません。

とりあえず、やや低めの声というのが、「できる営業マン」のイメージづくりには最適でしょう。とりわけ、自分を知的に見せた方がいい商品・サービスの営業現場ではそうです。

もう一つは、言語的なコミュニケーションだけでなく非言語的なコミュニケーションも組み合わせた方が、はるかに「伝わる」ということです。見た目が九割とはいいますが、メラビアンという心理学者が行った実験では、どちらともとれるメッセージを与えられた際に、言語的コミュニケーションの影響は七％しかなかったということです。

メラビアンによると、会話時における人間の判断は、口調などの聴覚情報から三八％、表情などの視覚情報からは五五％の影響を受けるそうです。だとすると、相手に自分の真意を伝えたい時には、真剣な表情であるとか、身振り手振りを上手に併用した方がはるかに伝わるということがわかります。

テンポよく話すコツはワンセンテンスを短くすること

会話において視覚情報が大きな影響を与えると述べましたが、当然のことながら聴覚情報も重要であることはいうまでもありません。なかでも口調は判断に与える影響の三八％を占める大切な要因となります。

さて、知的に見える話し方のコツは、テンポよく話すことだといわれています。ただ、これは必ずしも早口ということではありません。

知的に見せるには、ゆっくり話すよりも多少早口で話した方が良いとはされていますが、あまり速いと相手が聞き取れないことがあります。

一般に、若い人ほど話し方のスピードは速い傾向があります。高齢者は若い人の話を聞き取りにくいことが多いようですから、高齢層が相手の場合には特に気をつけたいものです。

とはいえ、あまりゆっくり話すと、わかりやすいかもしれませんが、相手を馬鹿にしているように聞こえることがあるので、これもまた問題です。たとえていうなら、ＮＨＫのアナウンサーの話すスピードが理想的とみていいかもしれません。

話のテンポということでいえば、次にポイントとなるのはセンテンス（一文）の長さです。

一度、自分の話を録音して聞いてみるのもいいかもしれません。実は、私のモノマネをする人がいたのですが、あまりに高い声でモノマネをされるので頭にきて、自分の声を録音してみたことがあります。確かに想像以上に高い声でした。というわけで、精神科医になってからは多少気を付けるようにしています。

その他、自分の話を文章にしてみると、話がなかなか切れていない、話しているセンテンスが長くなっている、といったことに気がつくはずです。文章でも会話でも、センテンスが長くなればなるほどわかりにくくなります。

最近は日本の政治家も演説のテクニックを磨いていますが、聞いていて気がつくのは、短い文章を重ねてリズムをつくっていることです。

テレビのニュースやアメリカ大統領のスピーチを聞くと、いずれも短いセンテンスで構成されていることがわかります。センテンスを短くするとテンポがよくなり、聞きやすくなるのです。

さらに、話し方で上級のテクニックとされるのは、「間」の取り方です。

演説を例にとれば、立板に水のように話し続けると、テンポはいいですがメリハリがなくなります。その結果、聴衆に聞き流されてしまうこともあるので、要点の前になると一拍間を置いて相手の気を引いてから、決めの言葉を話すという技術があります。

あるいは反対に、決めのセリフを言ってから、相手に考えさせたり拍手を待ったりするために、一拍間を置くということもあります。

こうした「間」の取り方に関するワザは、演説に限らずテレビドラマや映画、あるいはコントなど、いたるところでみることができます。

小泉元首相の発言は、「ワンフレーズ」といわれました。あまりにもセンテンスが短いと、逆に意味がわからなくなってしまうことがあるので注意が必要ですが、ワンフレーズでも、うまくはまれば強い印象を残すことができることも確かです。

正しい日本語は信頼される会話の基本

営業マンにとって、言葉遣いは重要です。服装や外見がいかに良くても、日本語の使い方が間違っていたり、誤った敬語を使ったりしていると、せっかく積み上げてきた信頼が崩れてしまうことさえあります。外見で相手のポジティブバイアスのようなものを勝ち取っても、話し始めた途端にご破算になってしまいかねません。

正しい日本語、正しい敬語は、相手の信頼感を増す上で役立ちます。特に、高齢者の場合には有効です。

若い営業マンの場合、正しい日本語、正しい敬語を使うことによって「若いのにしっかりした人」と信用されるし、反対に三〇代、四〇代、五〇代と年を重ねるごとに、誤った日本語を使うことによる信用が崩れるリスクは大きくなっていきます。

日本語は時代とともに変わってきているし、かつては誤用だったものが慣用的な表現として定着してしまったものもあります。

私自身、すべての日本語を正しく使うことができている自信はないし、勘違いしていることもあると思います。それは、誰でも同じかもしれません。それでも、日本語を正しく使えるように勉強していくことは非常に大切です。

自分が話す日本語の誤りを指摘された場合は、お礼を言って次からは正しく使うというように日々学んでいくことが大切です。特に若い営業マンの場合は、謙虚に教えを聞くという姿勢を示すことが、相手の信頼を得ることにつながっていくこともあるはずです。

テレビでも、アナウンサーが漢字を読み間違えたりすると、その人の教養が疑われます。知的な印象の人だったけれど、中身は意外とお粗末なのではないかと失望することになります。

また、世の中には多くの専門用語があります。少なくとも、自分が仕事をしている業界の専門用語については必ず勉強しておかなければなりません。銀行、保険、証券など金融業界では特に重要です。

一方、自分の専門外の話の場合、無理に新しい言葉を使う必要はありません。なまじ、よく知りもしない言葉を使って、相手に「どういう意味ですか」と聞かれた時、知らなければ自ら知性の浅さを露呈し、墓穴を掘ることになります。

また、自分の専門分野であっても相手の知らないような専門用語を使う必要もありません。逆に嫌われることになりかねません。しかし、相手にその言葉の意味について聞かれても（たとえば株の素人が証券用語を聞いてきたり、パソコンの素人がＩＴ用語の意味をセールスマンに聞いてくることはざらにあるでしょう）答えられないようでは信頼を一気に失います（患者よりものその病気について知らない医者もそうですが）。

逆に「こんなことも知らないのですか」と自分の知識を誇るような態度を取ろうとすれば傲慢な人間と見られ、いずれにせよ信用を失うことになります。

また、自分もよく意味を知らないまま、業界の専門用語や難解な言葉を駆使して相手を振りまわし、ごまかすという詐欺的方法もありますが、営業としては邪道です。そうしたことでは、顧客との信頼関係を築くことはできません。

ともあれ、飲み会などでは許されるでしょうが、営業の席では知らない言葉は使わないことです。突っ込まれれば、知性を疑われます。

築き上げた信頼が崩れるのはあっという間で、一度失った信用を取り戻すのには大変な時間を要するということを知っておくべきです。

人見知りのトップセールスマン

営業マンにとってコミュニケーション能力が大切であるということをわかってはいても、それ以前に「自分は人見知りだから人に会うのは苦手。営業は向いていないのかもしれない」と悩んでいる人もいるかもしれません。

しかし、現実には人見知りだからといって、必ずしも営業マンとしてダメだというわけでもないのです。

私の経験ですが、ある大手自動車メーカーの研修に講師として行った際に、こんなことがありました。

「自分はものすごい人見知りで、人と会うとすぐにドキドキしてしまう。どうしたら治るだろうか」という相談を受けたのです。

しかし、話をよく聞いてみると、この人は、会社でもトップクラスの売り上げを上げているセールスマンでした。

そこで、私はこう言いました。

「あなたが人前で話す時に緊張しないように何ができるのか、治療法を考えてもいいですけど、治ったら今よりも車が売れなくなってしまうかもしれませんよ」

人見知りで、ドキドキしながらも一生懸命セールスをする。もっと落ち着いて流暢に話せたら、と思うのはわかりますが、実は、そんなにドキドキしながら真剣に売っている彼の姿を見て、顧客は「この人は真面目な人で、悪いことはしないだろう」と信頼し、車を買っているのではないでしょうか。

真面目さは、信頼を生み出します。それが営業の好成績につながっている。

逆に、まるで緊張せず、立板に水のように商品説明をする人がいます。いかにも営業の達人にみえますが、成績がいいかというと、そうとも限らないわけです。特に日本ではあまりにも話の上手な営業マンに会うと、調子の良さが軽薄な印象を与え、騙されているような気を起こさせ、嫌悪感を抱かれることがままあるようです。

口下手でも伝えるべきことは伝えなければならない

人見知り、口下手、それ自体は営業マンにとって大きな問題ではありません。むしろメリットもあるわけです。

しかし、そこに安住してしまうことは問題です。トップセールスマンにしても、ドキドキしながらも、一生懸命話していることに意味があるわけです。

口下手ではあっても、話自体は相手に言いたいことがきちんと伝わる、わかりやすい内容になっているのでしょう。

そもそも自分の言いたいことが相手に伝わらなければ、営業の話は進みようがありません。口下手な人は誠実で真面目な印象を与えますが、だからといって、それだけで優れた営業マンだということには当然なりません。

自分が口下手と思っている人は、それが人見知りや弱気な性格から生まれていると思いがちです。

「こんな話をすると相手は気を悪くするかもしれない」、「初めて会う営業マンのことなど信用していないだろう」と考えて、物事をはっきりと話さず、つい曖昧な言い方に逃げてしまう。その結果、相手はあなたが何を伝えようとしているのかわからなくなり、かえって怪しい話に聞こえてしまったり、誤解を生んでトラブルになったりしてしまう。

確かに、人見知りの人や気が弱い人ほど、相手に合わせがちです。しかし、相手が怒るのではないかと先回りして考えて過剰な気配りをする前に、実はそうした気を使った話し方自体が相手をいら立たせているかもしれないことに気づくべきです。

結論を後回しにしたり、返事を曖昧にしたりして、相手の顔色ばかりをうかがう。なかなか本題を切り出せず、つい前置きを長々としてしまう。

そんな話し方自体がトラブルを生み、失敗体験の蓄積が営業に対して臆病にさせ、自分にはコミュニケーション能力がないとさらに落ち込んでしまう。そうした悪循環に陥る人は案外多いのではないでしょうか。

その一方で、口下手の人は、自分の言いたいことが伝わらないのを、とかく相手のせいにしがちです。

「これだけ一生懸命話しているのにわかってくれない」、「これだけ真面目に話しているのだから、私の気持ちをわかってくれてもいいだろう」と相手に期待しているのです。

「以心伝心」という言葉がありますが、誠意を示せば相手は応えてくれる、という期待感を持っている人が多いようにも見受けられます。しかし、残念ながら現実には言葉にして伝えなければ、相手には伝わりません。

口下手の人は、確かに心の優しい人かもしれません。自分の話し方のせいで相手の気分を壊したくない。どうしたら、相手を傷つけずに済むのかを考える。

確かに、これは日常生活では大切なことかもしれません。また、「こんなことを話して嫌われたくない」と思う気持ちもわかります。

しかし、ビジネスの現場では、曖昧さは親切でも優しさでもないことを知らなければなりません。伝えるべきことをきちんと伝えなければ、かえって問題を引き起こします。

営業の現場では、はっきりと言わなかったばかりに、相手は騙されたと思い、大きなトラブルになりかねません。

ビジネスでは当然のことながら、できることと、できないことがあります。できないことをはっきり「できません」と言っておかないと、相手はできると思って仕事を進めてしまいます。後になってできないとなった方が、被害は甚大になります。

伝えるべきことをきちんと伝えておくことは、会社を対象とした法人営業の場合、特に重要です。あなたが「できる」と言った話を相手の担当者が上司に報告していたら、その担当者も面目を失うことになります。

できないのであれば「できない」と、結論と理由を説明すれば、相手も次の行動に移ることができるのです。

曖昧な返事をされて引き延ばされることは、相手にとっては最悪なことなのです。「時は金なり」という言葉がありますが、相手の貴重な時間を奪っていることになるからです。

話がわかりにくい人には二つのタイプがある

口下手に限らず、言いたいことがわかりにくい人には、二つのタイプがあります。

一つは話が長過ぎて、結局、何を言っているのかわからないタイプです。

親切に説明しようとしてくれてはいるのですが、「この話をする前に、あの話を。あの話を理解するためには、この話も」と延々と話し続ける結果、聞いている方は何が話のポイントなのか、わからなくなってしまうというタイプです。

つまり、よく整理しないまま大量の情報を出した結果、話の筋が見えてこなくなるわけです。このタイプは、技術系の真面目な人などに多くみられるようです。

営業する本人は、話すテーマが難し過ぎるから相手に伝わりにくいのだと思うかもしれませんが、問題は話が整理されていないことにあったりするのです。

もう一つのタイプは、話が短か過ぎてぶっきらぼうに聞こえてしまう人です。こちらは反対に情報量が少な過ぎるタイプといっていいでしょう。

ただ、同じ話下手であっても、後者のタイプの方がまだましかもしれません。無愛想にみえるかもしれませんが、相手にとっては結論が明確で話も短くて済むし、わからないところは質問すれば補うことができます。

言いたいことを相手にわかりやすく伝えるためには、まず大切なことを短く簡潔に話すことを心がけなければなりません。

現代社会では、人が話に集中していられる時間は三分ともいわれています。テレビに加え、インターネットの普及によって、生活のスピードは驚くほど加速しています。

営業にしても、与えられた時間はせいぜい五分ぐらいと思った方がいいでしょう。となれば必然的に、最も重要なことを最初に短い言葉で説明しなければならないということになります。

話がうまくなりたい。これは誰にも共通した感情です。新しい話題を織り込み、時折笑いをとり、飽きさせない。現代社会では、巧みな話術に誰もが憧れます。

しかし、営業マンとしては、笑いをとるよりも、お客さんが自分たちの製品・サービスを得ることでどんなメリットがあるのか、といったことを伝えるのが本筋です。

まずは、必要なことをきちんと伝える技術を身につける。気の利いた話し方というのは、経験を踏んでいるうちに自然と身につくものです。最初から、最高の話術を目指す必要などないし、いうまでもなく顧客の方もそこまでは期待していません。

それでは、実際にどのように話したらいいのか、もっと具体的に考えてみましょう。

まず原稿をつくってみる

営業の現場できちんと話すには、まず原稿をつくってみることです。何を話すのか、文章にしてみるのです。

まず、おすすめしたいのは、営業先で与えられた最初の五分で話すモデル原稿、いわば「ひな型」を持つことです。

どんなスピーチでも原稿は大切です。その場その場の雰囲気に合わせて、頭の中の引き出しから聞き手に合った話題を取り出し臨機応変に話せる人など、そうはいません。

たとえば、アメリカの政治家の演説はとても自然で確信に満ちて見えますが、目立たない場所に置かれたプロンプター（電子表示機）に原稿のテキストが流れていることがあります。原稿にはジョークまで書き込まれ、聴衆の笑いや拍手の際の間の取り方まで指示されているという話まであります。そこまで準備をしているからこそ、落ち着いて話しているともいえるのです。プロの政治家でもそうなのですから、話に自信がない人は原稿を用意した方がいいのは当然です。

最近では、会社が営業トークの模範原稿を用意してくれるところもあるようですが、やはり一度は自分で原稿をつくってみるべきです。

人からもらった原稿はなかなか頭に入りませんが、自分でつくった原稿であれば何を話さなければならないかが確認できます。五分で話さなければならないとすれば、必要ないと思うところも出てくるでしょう。

ともあれ、話の内容をチェックする上で、文字にしてみることは大切です。

自社の製品・サービスについて話したいことがいっぱいあると頭の中では思っていても、いざ営業の現場に行くと、どこから話したらいいのか、わからなくなってしまうことがあります。話があっちへ行ったり、こっちへ行ったり、まとまりがつかず、相手は途中で退屈してしまうし、肝心の売り文句を言い忘れて、後で落ち込んでしまったりします。

だからこそ、事前に相手の時間は五分しかないと思って、原稿を用意してみるのです。

そうした条件を想定してみると、話さなければならない優先順位が自ずと決まり、内容も整理されてきます。「これも話したい」から「これだけは話しておきたい」という発想に転換するのです。

まず、必ず話さなければならないことを決め、後は質問に答えたり相手に時間の余裕がある時に説明したりすればいいと割り切り、ストーリーを組み立ててみることです。

こうして基準を決めてみると、話すべき内容の整理が進むはずです。話をまとめることが下手な人は、とかく自分の頭の中だけで整理しようとしますが、天才ならばまだしも普通の人間の場合、自分の考えを整理するためには書いてみることが一番です。

スピーチには「型」がある

スピーチでも、論文でも、作文でも、わかりやすい文章の構成には「型」があります。

日本の文章教育は、論理的な文章よりも小説のような情緒的な文章がモデルにされることが多いようです。小学校から作文といえば、自分の感じたことを書いてみようといったエッセイのような文章を書くことが中心で、論理的な文章を書くテクニックについて教わることはあまりありません。

一方、実学主義のアメリカでは、論理的な文章を書く技術を教えます。

たとえば、あるテーマについての議論では、争点を説明し、それに対して自分は賛成か反対か、結論を明らかにした上でその理由を三つあげる。さらに、それぞれの理由を支える例を三つあげる、といった方法で論文を作成するというわけです。

このパターンを知っておくと、すぐに執筆作業に取りかかれます。

日本のように、書き方は人それぞれ、自分で考えて自由に書きなさいなどと言われたら、どこから手を付けていいかわかりません。

アメリカのこの手の教育で一般に求められているのは文学的な文章ではなく、自分の考えを相手に正確に伝える文章です。情緒よりも論理で、伝えたいことが正確に伝わればいいというわけです。

スピーチや論文を前にして多くの人が苦しむのは、こうした型を教えられていないことにも一因があります。要するに、会話には芸ではなくて技術の部分があり、営業マンの場合はこの技術だけで十分です。そして技術を知れば、口下手から抜け出す道も見えてきます。

型通りの話ばかりしていては、つまらない人間と思われてしまうのではないかと抵抗感を覚える人もいるかもしれませんが、営業マンの場合、面白いけれど結局何を言っているのかわからない内容のない話し方よりも、論理的でわかりやすい話し方の方がいいのです。

それがビジネスとしてのスピーチでありスタイルだと割り切ればいいのです。

「型」とは、自分が言いたいことを正確に伝えるためのフォームです。個性がない、オリジナリティがない、自分らしさがない、と思われるかもしれませんが、営業の現場では特に、はっきりとした内容を伝えることが最も重要です。

歌舞伎や落語などの伝統芸術が象徴的ですが、個性とは後から出てくるものであり、まずは型なのです。同じ話でいいのです。

型どおりの話を繰り返しているうちに、アレンジしてオリジナルな話を付け加えてみる、それが受ければそれも型に加える。そうすることで、次第にネタが練り込まれていくものです。

加えて、テレビに出ている芸人とは違って、あなたの話を聞く人は通常初めて聞く人なのです。堂々と同じ型によって話をしていけばいいのです。

話す時には結論から入る

アメリカの作文技術で教えているように、ビジネスの世界での会話を考える上で大切なことは、結論を最初に持ってくるということです。

日本語の構造も影響しているのかもしれませんが、日本では最後まで話を聞かないと、イエスかノーか、結論がわからないということが往々にしてあります。

しかし、現代の人々は長時間の会話が我慢できない、そういう時代なのです。

テレビ世代、ゲーム世代、ネット世代。世代が進むほど、他人の話を長い間聞いていることが苦手な人が増えています。スマホ世代では『ツイッター』や『LINE』などのSNSが流行し、やりとりする言葉はどんどん短くなってきています。

実際、若い人の日常会話を聞いていると、「マジ」、「ウケる」、「ウソぉ」のような単語の合いの手だけで進行していきます。そして、短い言葉の応酬が速度を増していくと、時には外国語のように聞こえることさえあります。

こうした人々は二〇代ばかりでなく、三〇代、四〇代と広がっているし、高齢者は高齢者で、そもそも我慢するのが苦手ですから長い話は敬遠されます。

要するに、日本社会全体が「長い話は勘弁してください」という世の中になってきていると考えていいでしょう。

誰も彼もが人の話をゆっくり聞く感覚を失っています。かつてのように、いきなり本題に入るのは失礼だから、まず当たり障りのない前置きを持ち出してからおもむろに、などという話にじっくり付き合ってくれる人は減ってきています。与えられる時間は五分なのです。

ですから、繰り返すようですが、まずは結論から話すことが大切なのです。最後に結論という時代ではありません。ましてや、曖昧な話し方はもっての他です。

ところで、この「長い話は大嫌い」という文化は、営業マンの心理にも影響を与えているようです。

「お客様は、込み入った話、長い話は聞きたくないのではないか」と、営業マン自身が自主規制あるいは「長い話」恐怖症になっているようなところがあります。

相手に話さなければならないことがあっても、「これを話すと長くなりそうで、最後まで聞いてくれないだろう」と自己規制してしまう。

要するに、自分が長い話を我慢できないから、相手もそうだと思ってしまうわけです。その結果、伝えなければならない話を伝えきれない。最初から諦めてしまう。

もちろん簡潔に短く話すことは大切です。しかし、それは話さなければならないことを伝えないのとは別の話であり、むしろ長い話になりそうだということを言い訳にしているようなところがあります。

相手が途中で話に退屈してしまうのは、単に長いということではなく話にまとまりがないことが原因かもしれません。本当に話さなければならないことであれば最初に話すべきことであり、長くなる話ならば短い話に分割していくとか、いろいろ方法はあるものです。長い話を聞いてくれないと愚痴を言う人のよくないところは、最初からコミュニケーションを諦めてしまうところではないでしょうか。

営業会話の基本は「起承転結」ではなく「起結承転」

ところで、物語の型として定番とされているのは「起承転結」です。四コママンガが典型的な例ですが、一コマ目は「起」で物語が始まり、二コマ目の「承」で話が展開し、三コマ目の「転」で事件が起きてアッと言わせ、4コマ目の「結」で落ちがついて終わるという方式です。

この「起承転結」方式は、小説から映画、テレビ、マンガに至るまで、あらゆる物語づくりの基礎となるテクニックといえるでしょう。

しかし、これは面白い話をつくる時の手法であり、雑談で何かジョークでも語るのであれば別ですが、ビジネスの現場ではこのテクニックは必ずしも適しているとはいえません。

営業に当てはめて考えてみると、「起承転結」ではなく、こんな型になるのではないでしょうか。

まずは現状分析で「起」、次は現状分析から発見された問題の解決に関する提案。この製品・サービスを使えば相手の会社や家庭はもっと良くなるという提案であり、自分が伝えたいことの結論、つまり「結」です。時間がない時代にはまず結論を提示して、相手にインパクトを与えるわけです。

次は、提案した理由の説明としての「承」。そして最後は、現状のままでいいのか、買わなかった場合はどうなるのか、と問題提起して終わる「転」。つまり、「起結承転」です。

営業においては、こちらの方が「型」として適しているのではないでしょうか。

結末へ向けて盛り上げていき最後に話を落とす「起承転結」は、物語を語る上では有効な方法論ですが、五分で営業に関する提案をする場合には「起結承転」が最も効果的な文章作法といえるかもしれません。

「現状分析」、「問題提起」、「提案」、「根拠」

さて、型のパターンにはいろいろなものがあります。「現状分析」と「問題提起」から入り、「提案」、「根拠」といったように進める方式もその一つです。

① 車の燃料費は毎月、結構かかりますね。

② 今は石油価格が安定し、ちょっと楽になっていますが、いつまた上がるかわかりませんし環境問題も気になりませんか。

③ そろそろハイブリッド車、電気自動車などエコカーはどうですか？

④ エコカーにすれば、燃料費は毎月こんなに減りますし、税金の負担も軽くなります。

などいった具合に、売ろうとする製品・サービスを当てはめていくわけです。型があると、このように話の運び方も考えやすくなります。

この他にも、問題提起、提案、その理由でもいいし、アメリカの論文作成技術のように、提案する三つの理由でもいいかもしれません。

ともあれ、こうした型を知っていると、自分の考えを五分、いや三分でも語ることが可能になります。

型を決められると、かえって窮屈。そこで語りきれないことが出てくると思う人もいるかもしれません。しかし、型のない状態から話をつくることはなかなか大変です。天才や話芸の達人は、自分の頭の中から自由自在に最適の話し方を見つけて話すことができるでしょうが、普通の人間にとっては、型があった方が便利です。

さらにいえば、営業マンが仕事に関して作ろうとする原稿は、小説でも詩でもありませんから、妙に文章や構成に凝るよりも型にはまってはいても、わかりやすい方が顧客にとっても自分にとってもいいのです。

「5W1H」というチェックリスト

みなさんは、「5W1H」という言葉をご存知ですか。これは、わかりやすい文章を書くための基本要素としてよく知られたものです。実際、新聞やテレビの記者がニュース記事を書く上での基本とされています。

「5W1H」とは、「When（いつ）」、「Where（どこで）」、「Who（誰が）」、「What（何を）」、「Why（なぜ）」「How（どのように）」のことで、この要素が揃っていないと、記事は正確さを欠き、信頼性を失います。いつ、どこで、誰が、何を、なぜ、どうしたのか、わからなければ、ニュースにはならないというわけです。

「5W1H」というと、堅苦しく難しい印象を受けますが、自分で実際に文章を書いてみれば、これらの要素が抜けると文章が曖昧になってしまうことがわかります。

会社で報告書やレポートを書く時はもちろん、顧客に対するプレゼンテーションの準備原稿を書く時でも、この要素が盛り込まれているかどうかチェックしておくことは大切です。

なお、ビジネスの場合には、もう一つの「H」として「How Much（いくらで）」という価格の要素も欠かすことができません。とすれば、営業マンの場合は、さしずめ「5W2H」ということになるでしょう。

また、それぞれの意味についてビジネスシーンを念頭に解釈すれば、「When」には「いつ」であると同時に「いつまで」という納期などの期限の意味も出てくるし、「How」には「どのような支払い方法で」という意味合いが出てくることもあるでしょう。

ところで、原稿を作成する過程で、これらの点についてはっきり書けないところが出てきたら、それには何か問題となる理由があるはずです。たとえば、納期通りに収めるには社内の調整が必要であることなど、自分の側に解決すべきことがある可能性もあります。また、商品の納入など、営業では顧客にも関係部署にも確かめておかなければならないことがいろいろと出てきます。

このように、「5W1H」は営業マンとして相手に伝えるべきこと、やらなければならないことを確認するチェックリストにもなります。会社にチェックリストが用意されていればいいですが、なければ自分で「5W1H」を押さえたリストを作っておくことです。ともあれ、いつまでに、どこに納品し、支払いはどのようにするのか、といったことを型に当てはめておけば、安心して営業に臨むことができるというものです。

「起結承転」のテクニックと「5W1H」のチェックリストを使って原稿を作れば、わかりやすく、明確な話ができ、信用される営業への道を拓いてくれるでしょう。

型をつくったらリハーサル

さて、営業のための準備原稿を作成したら、次にもう一つ大切なことがあります。それは、リハーサル（予行演習）です。

スピーチで、とかく忘れがちなのはリハーサルなのです。

国連やアメリカ議会での演説で評価の高かった安倍首相は別のようですが、一般に日本の政治家はスピーチライターを持たず、演説のリハーサルもしていないように見受けられます。

アメリカの場合は、大統領選挙での討論など、どの候補者も質疑応答の想定集をつくり、周到なリハーサルをしています。数々の暴言で話題になっている共和党のドナルド・トランプ候補なども、アドリブでスピーチをしているように見えるかもしれませんが、確実にリハーサルをしているはずで、計算の上での発言でしょう。

海外の政治家が入念なリハーサルをするのは、一言の発言、演説パフォーマンスの見え方ひとつで、有権者の投票行動が左右されるということをよく知っているからです。日本のように地盤・看板で当選が決まってしまう世界ではなく、プレゼンテーション次第で、情勢の逆転が起こり得るのです。

ビジネスの世界でも、アップルのスティーブ・ジョブズのようにプレゼンテーションの達人がいますが、優れたビジネススピーチの裏では、入念にシナリオが練られ、コンサート並みに音響に至るまで手を抜かず、その上でリハーサルが徹底されています。その結果が、聴衆を魅了するプレゼンテーションとして結実しているわけです。

スピーチに慣れたアメリカの政治家や著名な経営者でさえ、リハーサルをしているのです。

自分は口下手だ、内気だという人がいますが、まずは誰の前でもいいからプレゼンテーションのリハーサルをしてみることです。話す相手がいなければ、録音をして聞いてみるのもいいでしょう。

そうすることで、どのくらいの時間で話をしているのか、自分の話は聞きとりやすいか、わかりやすい話になっているかどうか、といったことをチェックし、話し方や内容を修正していくことができます。また、リハーサルをすることによって、メンタルの補強にもなります。

ともあれ、モデル（型）となる原稿をつくって、リハーサルをしてみることです。そうすることで言葉は自分の身についていきます。

型をつくる効用

営業における話し方の型について述べてきましたが、ここで「型」を持つことによる心理的効用について触れておきましょう。

型をつくるということは、精神医学で人気のある行動療法という心の治療法の一種であるともいえます。

自分は話下手だと思い込んで引っ込み思案でいるのであれば、型に従って話してみてください。そうすると、自分は意外と話ができる人間だと気づくものです。

何事も経験ですから、経験を重ねているうちに自信もついてきます。自信がつけば、「言いたいことも言えない自分」、「伝えたい事も伝えられない自分」はいつの間にか消えています。そして、自信を持って話すようになると、あなたの話はさらに説得力を増してきます。

伝える力の弱い人は、どう話せば伝わるのかというところで堂々めぐりして、かえって話がぼやけてしまいがちです。だからこそ、まずは「起結承転」でも、「5W1H」でも、型を持つべきなのです。

ひとつの型から始め、その型に入れる材料で修正するところがあったら修正を加えて、話し方を磨いていけばいいのです。

最初は人真似でもいいのです。何の型も持たず、自分らしい話し方を見つけなさいといわれても、どう話したらいいか誰でも困惑するはずです。

さらに、型にはもう一つの効用があります。それは、感情的になってしまうことを防いでくれることです。

日本人は、一般に気分や感情に任せてモノを言う傾向があります。冷静な議論の場であるはずなのに、やりとりをしているうちについ感情的になって、売り言葉に買い言葉、収拾がつかなくなってしまうことがままあるようです。

後述しますが、現実の営業現場ではいろいろなタイプの顧客がいるわけで、いちいち感情的になっていては仕事が成立しません。

型のいいところは、型通りに話すことで感情に左右される部分を排除できることです。

型は論理でもあるので、そこから大きく外れない限り感情的にならずにすみます。

また、感情的になりそうになったら、戻るべき場所にもなってくれます。再び、型に話を戻すことで、我を失う危険性を小さくしてくれます。

目上の人や立派な肩書の人などに対しても気後れせずに話すことができるし、嫌な相手に対しても冷静に対応することができます。

言いたいことが言える、伝えなければならないことを伝える。型はそのためのツール（道具）となってくれるのです。

さすがに、顧客の前で原稿を出して読むわけにはいかないでしょうが、ポイントだけでも手帳に挟んでおいたり、スマホにメモしておいたりすれば、忘れそうになった時に確認することができるし、何よりも持っていることだけで安心できるはずです。

フロイト流の聴衆のつかみ方

精神分析の祖、フロイトは自説を述べる時に、「みなさんは○○とお思いでしょうが」と疑問形で話を始め、「実は○○です」と自分の説を展開したそうです。

疑問文の形で切り出すことで聴衆の関心を惹きつけてから、本題に入るという方法です。

この方法を用いると、最初から自説を展開するよりもインパクトは強く、なおかつ、そこから先は自分の世界に引き込むことができるわけです。

これはフロイトが生み出した型ですが、現在では古典的テクニックとなっていて、営業の現場で使っている人も多いはずです。

また、日本でよく使われている講演のテクニックとして、「今日、ここでお話したいことは三つあります」と切り出す手法もあります。

「三つ」と具体的な数字を出すことで、どんな話だろうと注目を集めるわけです。さらに、「これには三つの方法があります」と、「三つ」を連発する講師もいます。

これは興味を惹かせるという手法でもあるのでしょうが、アメリカ式の作文法のように、原稿を書きやすいということもあるかもしれません。

いずれにせよ、これも「つかみの型」といってもいいかもしれません。

自社の商品・サービスについて知る

話す技術について述べてきましたが、営業マンとしては自分が売ろうとしている商品やサービスの特徴について知っておくことは大切です。

大手自動車メーカーで、こんな話を聞きました。自動車の場合、販売店ではメカニック出身のセールスマンの方が営業成績が優秀だというのです。

メカニック出身の人が営業育ちの人たちに比べて、話し方が格別上手というわけではありません。しかし、当然のことながら車の技術的なことについて詳しく、売った後のメンテナンスも自分である程度はできてしまうことから、顧客には喜ばれるというのです。

要するに、セールストークの技術はなく無骨であったとしても、技術的な知識が安心感や納得感を与えるのです。

メカニックの人の強みはもう一つあります。顧客からどういうクレームがくるのか、どういう故障が多いのかを知っているので、そうした問題に直面した場合、準備ができているので迅速な応対ができるのだそうです。

最近では、クレーム情報を社内で共有するために、全社員に情報を流している会社もあります。そうした情報を知っているかいないかで、何か起きた場合の対応にも差が出てきます。

繰り返しますが、営業マンが自社の製品・サービスについて熟知していることは非常に重要です。いかにお客さんに好かれても、売ろうとしているものを知らなければ、営業は進みません。自社の製品・サービスは何でも知っているというわけにはいかないでしょうが、少なくとも聞かれたら、迅速に調べて折り返し連絡する。それだけでも相手の心証は変わってきます。

営業における会話で最も大切なこと

顧客の心理を考えた上で、どのような話し方が有効か述べてきましたが、これらはいわば会話の技術に関することです。しかし、いくら正しい言葉使いで流暢に話すことができたとしても、それだけでは営業という仕事は成立しないし、顧客の信頼を得ることもできません。

通常、企業あるいは個人は、自覚しているかいないかは別として、コストパフォーマンスの問題や新たに必要となる機能など、大きなことから小さなことまで、様々な課題、ニーズを抱えているものです。だからこそ、それに対応する営業職という職能があるのです。営業における会話では、何よりこの基本をおさえておかなければなりません。

内容のない会話をいくら続けても意味はありません。まず、相手先が現実に、あるいは潜在的に、何を求めているかということを営業に臨む前に把握しておくことは当然のことです。そして、顕在的ないしは潜在的なニーズに対するソリューション（解決策）を用意しておかなければなりません。営業における会話の中で最も大切なことは、このニーズとソリューションを明確にすることです。顧客のどのようなニーズに対してどのようなソリューションを提示して利益をもたらすか、ということです。

まず、相手先のニーズがこちらの考えているニーズと一致していることを確認し、あるいは確認させ、用意したソリューションを的確に説明することが重要なのです。

売り込もうとするモノやサービスを、一方的に話し続けるだけでは二流の営業といわざるを得ません。要は、会話の中でポイントをしっかりとおさえなければならないということです。

また、相手のニーズを確認する中で、新たな要素があれば即座にメモをとるといったアクションは、この営業マンは真摯だなと相手に印象付けることにもつながります。

会話の中で、ニーズとソリューションを的確におさえることさえできれば、少々朴訥な話し方であっても相手の信頼を得ることができるはずです。また、その場での商談はだめであったとしても、別の選択肢をもって再度のチャレンジができることにもつながります。

会話の技術はもちろん大切ですが、最も重要なのは会話の中で本質的なことを明確にしておくことです。

信頼関係を築くための「共感」

人間関係を築いていく上では、「共感」が重要だといわれています。最近、臨床心理学の世界では流行語になっている感もある「共感」ですが、その効用は多くの学者が認めているところです。

ちなみに、精神分析の世界ではコフートという学者が人気があり、カウンセリング心理学の世界ではカール・ロジャースが神様のようにいわれているわけですが、両者ともこの「共感」を重要視して治療に活用しています。

コフートは、患者の立場に立ってその心理を想像するということの大切を説き、ロジャースは、相手になりきりながら自分がそうしていることを忘れないことの重要性を強調しています。

たとえば、失恋した患者を相手にした場合、診察する側も自分が失恋した場合をシミュレートし、相手の心理状態を考えるわけです。その際に、相手に完全になりきってしまうと、自分も患者と同じように、つらい気分に陥り、冷静な対応ができなくなるかもしれません。

ですから、自分はあくまで観察者として、患者と同じ心理状態を知るために失恋を考えているのだという意識を持って相手の心理を探ると、いろいろなことがわかるはずだというのがロジャースの考え方です。

一方、コフートは、相手の立場に立ち、相手の心とシンクロした上で対処することを考えます。

たとえば、失恋した人の場合、人口の半分は異性だからまだまだ出会いがあると慰めたところで、自分が恋人や妻に逃げられた時どんな気分になるかを考えてみれば、そんなことを言われても、かえって気分は落ち込むだけとわかります。

そこで、自分もあなたと同じような立場だったらなかなか立ち直れない、と相手に共感を示すことで患者の心を開いていこうとします。

ロジャースとコフートは、アプローチは多少違いますが、二人とも患者への共感を基本に置いているわけです。

共感と同情は異なる

注意しなければならないのは「共感」と「同情」は異なるということです。

基本的に、同情されてもうれしく思わない人は大勢います。なぜ、うれしくないのか。それは、同情は心理的に上の立場の人が下の立場の人に対してみせる感情だからです。「同情する人」は気づいていないのかもしれませんが、「同情される人」は、いわゆる「上から目線」を感じて反発するのです。

相手が試験に落ちた、あるいは仕事で失敗した。こうした場合、人によって「同情」も「共感」もあるでしょう。しかし、相手が会社で表彰されたり昇進したりして、喜んでいる時にいっしょになって喜ぶ場合は「同情」とはいいません。人は「同情」に対して敏感です。上から下を見るような憐れむ目や、押し付けがましさを感じて、嫌悪感を持つのです。

失敗した時、苦しい時に「同情」する人よりも、相手が喜んでいる時に共に喜ぶような人の方が一般に信用されます。

感情面を考えれば、人は他人が自分よりも不幸な時は思いやる余裕を持ちますが、自分よりも幸福な人に対しては嫉妬する人間が少なくありません。

共感は信頼を生みますが、同情には人と人の絆を強める効果は希薄です。むしろ引き離してしまうかもしれません。

共感とは、相手の立場に立って、相手の心理ニーズを見抜くことといえます。同情には、相手の本当の気持ちに無関心なところがあります。時には無神経にさえなりかねません。

かつての人気テレビドラマ『家なき子』が生んだ流行語に、「同情するならカネをくれ」という名科白がありました。

家なき子は、貧しさ故にいろいろな問題を起こしたり、罪を犯したりする。そうした時に、かわいそうな子だと周囲の人間は同情するのですが、本人の立場からすれば明日のパンを買うオカネもなく、万引きをしたりしているわけです。

ちょっと相手の立場になって想像すれば、いま彼女が本当に必要としているのはカネだということがわかるはずです。「同情するよりカネをくれ」という科白は、一面の真理を突いているわけです。

この場合、問題を解決してくれるのは「同情の言葉」よりも「カネ」であり、それが相手の本当の心理的ニーズです。「なんとえげつない子だろう」と言う方がおかしいことは、本人の立場に立ってみればわかるはずです。

いまひとつ、例をあげてみましょう。

かつては羽振りよくバリバリ会社をやっていた友人が、リーマン・ショックだか何だかで逆風に見舞われ、会社は倒産してしまう。その友人が東京にはもういられないから地方に帰る、と挨拶に来たとしましょう。

あなたは、かつてはあんなに調子が良かったのに、かわいそうになあ、大変だなあ、と同情の言葉をかけたりしますが、もう一歩踏み込んで、相手の立場に立って考えてみるとどうでしょう。

確かに、本当に東京の友人たちと会えるのも最後なので顔を見たくて訪ねてきたのかもしれません。しかし、ひょっとすると生活にかなり困っていて、餞別に少しでもカネがもらえるのではないか、あるいは本当は東京に留まりたくて、何か仕事の口がないかと、あなたに頼みたかったのかもしれない。あなたは、相手の本当の心理ニーズを考えようとしたでしょうか。

共感とは相手の心理を想像することです。そして、本当の心理ニーズを満たしてあげるように努力することです。精神医学の世界だけでなく、営業においても「共感」はとても大切なことです。

相手が関心を持っていることに関心を持つ

オーストリア出身の精神科医アルフレッド・アドラーは、相手が関心を持っていることに関心を持て、と言っています。

アドラーのいうところの「勇気づけ」とは、単に「頑張れ」とか「もっと勉強しろ」とか「もっと良い成績をあげろ」ということではなく、相手が何をやりたいのかを見抜いた上で、それに向かって一歩を踏み出すようにサポートする。つまり、こちらの価値観を押し付けて、その通りに何かをやらせるのではなく、相手がこれだったらやれるだろうということに足を踏み出させるのです。

最高の営業とは、相手にこちらの売りたいものを買わせるのではなく、相手が自分の意志で買ったと思って喜んでもらうことだといいます。押し付けるのではなく、一歩踏み出す手助けをするのです。

人間誰しも、押し付けられれば嫌な気持ちになるものです。後になって、自分が本当に欲しかったモノだったのかという不満が出てきたり、結局のところは騙されたのではないかと思ったりすることさえあります。一方、自分の意志で決めた場合には、ポジティブな気分になります。

営業マンである以上、顧客が関心を持っていることに関心を持たなければなりません。たとえば、新しいスマートホンやパソコンが出ると、こんな機能が付いた、あんな機能が付いた、カメラの機能がさらに向上した、と売り込みます。それなりに市場調査をして、機能をどんどん増やしているわけでしょうが、基本的な機能だけあればいいという人もいるわけです。

要は、顧客の関心はどこにあるかです。子どもや孫と電話やメールをやり取りすることが目的の高齢者ならば、基本的な機能が使いやすいスマホで十分です。むしろややこしくない方がありがたいかもしれません。こちらが売りたいものよりも、相手が関心を持っているもの、欲しいものは何なのか問うことから出発した方が、顧客とより良い関係をつくっていけるでしょう。

人間は得をすることよりも損をすることに敏感

最近では、心理学を経済学に応用する動きも活発です。イスラエル出身で、現在はアメリカで心理学を経済学に応用するという活動をしているダニエル・カーネマンは、行動経済学の研究で二〇〇二年のノーベル経済学賞を受賞しました。

このカーネマンは、投資にあたって人間は得よりも損に反応するといっています。百万円得をするよりも、百万円損をする方が気にかかる。

仮に一枚一千万円で、二分の一の確率で一億円が当たる宝くじがあったとしましょう。普通の人は「二分の一の確率で一億円」よりも「一千万円の損」の方が怖くて買おうとしません。先ほどのスマホの例でいえば、多機能でも使いこなせなければ損ではないかと考えてしまい、かえって手が出ないということもあるわけです。

こうした「得より損」の顧客心理も営業マンは頭に入れておいた方がいいでしょう。たとえば証券マンの場合、こうした顧客の心理状態を考えると、「こんなに儲かる」というよりも「このぐらい損をするリスクが小さい」という方が顧客の心には響くかもしれません。

一方で、証券業界には「持たざるリスク」という言葉もあります。株式市場が急騰を続ける時に、株式を持っている人は皆値上がり益を得ているのに、株を持っていない人は他人が儲けているのを横で見ている他ありません。「この時代、株式を持っていないと損ですよ」というセールストークは、やはり「損」を恐れる心理を活用した商法の一つかもしれません。

エコカー減税の期限や消費税引き上げ前の駆け込み需要は盛り上がりましたが、これなども今のうちに買わなければ「損」という心理が働いた結果でしょう。

このように、顧客の不安とニーズは裏表の関係にあります。会話を重ねていく中で、顧客は今、何を不安に思っているかを知ることは営業で役に立つはずです。

人間は自分に関心を持ってくれる人を好きになる

人は誰でも、自分に関心を持ってくれる人に好意を持ちます。自分のことを認めてほしい。わかってほしいという心理的な欲求を誰もが持っているのです。

先にコミュニケーション力とは、「聞く能力」だと述べましたが、「聞く」という行為は、自分はあなたに関心を持っているというサインを相手に送ることでもあります。

人間関係を築く上で重要なことは、自分に好意を持ってもらい相手の中にポジティブバイアスのような状態に相手をもっていくことです。そして、そのためには自分も相手に好意を持っていることを示す必要があります。好意を得るには好意を示す。それが最もわかりやすい方法なのです。

言葉で好意を示す方法ももちろんあります。男女の恋愛関係の場合、あまり「好きだ、好きだ」と言っているとストーカーじゃないのかと疑われかねませんが、ビジネスの現場では相手に好意を示すことは悪いことではありません。

相手に好意を持たれているとわかっていて、相手を不快に思うことはまずないのです。顧客の中に良いところを見つけたら、ほめておくことです。人から認められ、愛されたいと思うのは誰でも共通の心理です。

質問することは関心を示すこと

相手に関心を持つ。その意味で、相手の話に「なぜ」と疑問を持つことは大切なことです。

疑問を投げかけることで相手の関心を惹くフロイト流のテクニックについてはすでに紹介した通りです。

また、質問を重ねることで、相手の本当のニーズをつかむという効果もありますが、もう一つ大切なことは、質問をするということは相手に関心を持っていることであり、そこから共感が生まれていくことにもなるということです。

「聞く」ことには単に相手の話を聞くだけでなく、尋ねるという意味も含まれていると考えていいでしょう。

相手の話を聞く、要するに関心を持つことで相手からの好意が得られ、信頼関係を築いていくきっかけになる。すでに述べたように自分のことをもっと知ってほしいと誰でも思っています。話が感情的になってすれ違ってしまうのは、お互いが自分本位で、自分しか見ていないからです。相手の言葉を理解しようという気持ちがなければ、コミュニケーションは成立しません。

まず相手の言葉を受けて、その意味を考えてみることが大切です。「なぜ、この人はこういうことを言うのか」と考えてみるのです。自分の気持ちだけに囚われるのではなく、相手がどのような気持ちで言葉を発したのかに思いをめぐらす。その意味がわかった時、相手が本当は何を望んでいるのかもわかってきます。

相手に質問を投げかけてみる。繰り返すようですが、相手に疑問を持つということは相手に関心を持っていることを示すことにもなるのです。

どんなにわかりやすく良い話をしたとしても、相手にネガティブバイアスがかかっていたのでは相手の心に響きません。ポジティブバイアスは共感から生まれます。その意味からも「私はあなたの気持ちを知りたいのです、関心があるのです」というメッセージを送り続けることが大切です。

そのためには、最初の五分は型の通り話したとして、その後はこちらが一方的に話すよりも、話を区切って「どう思われますか」と相手に問いかけるような対話型で話を進めていった方が効果的です。

つまり、「私はあなたのことを知りたい」、「主役はあなたなのです」、と相手に伝えるのです。

メモをとることは関心を持っているというサイン

あなたは人の話を聞く時に、メモをとりますか。有名な経営者の中には、メモ魔として知られる人が少なくありません。インタビューに来た記者の話まで、何かビジネスのヒントになることを思いつくと、ポケットからメモ帳を取り出して書きとめていた人もいたそうです。

営業という仕事は、製品名、価格、販売個数など、数字を扱う仕事でもありますから、慎重を期するために記録に残しておくことは重要ですが、メモの効用はそれだけではありません。

まず、文字にして書くことで記憶力がつきます。自分の言葉で内容を要約することによって理解力が増し、またポイントを見抜く発見力も培われます。

さらにメモには蓄積効果があります。相手の話ばかりでなく、大事なこと、ふとしたアイデアをメモしておくと、後でそれが役に立つということはよくあることです。

また、クレームやトラブルには共通するところがあるので、何かトラブルに遭遇した場合、問題解決の方法が見つかることもあります。また、同じタイプの顧客にアプローチする方法が見えてきたりもします。さらに、メモを見ることによって、その時の状況をより鮮明に思い出すこともできます。

そして、何よりもメモとして記録しておいた様々な意見や考えをベースに新しいアイデアを生み出すことができます。

アイデアとは組み合わせであるという言葉もあるくらいです。既存の物事を新たな視点から見直すことで、ビジネスのヒントが得られることは多いのです。メモを見直すことで、この人とこの商品を結びつけてみたら、といった新たな提案も生まれてくるかもしれません。

このように、メモは発想の宝庫です。だからこそ、経営者、とりわけ創業経営者型の人にはメモ魔といわれる人が多いわけです。かく言う私も、ストックしておいたメモのおかげで、なかなか書けなかった論文を仕上げることができたという経験があります。

聞くということは、相手に自分はあなたに関心を持っているというサインを送ることなのです。メモは、それを具体的な行動として相手に見せます。相手の話をメモする姿は、より明確に相手に対する関心を表現します。自分に関心を持ってくれるということはうれしいもので、そうした相手には好意を持つものです。

わからないことは聞く

ただ、注意した方がいいのは、メモをとることが目的になってはいけません。メモばかりとって、いつも下を向いて相手の顔を見ない。そして、メモをとっても質問はしないというのでは、相手は本当に自分の話を聞いているのだろうかという気になります。相手の話の要点や重要な点をメモとして記録するのは、質問のベースとなるものを引き出すためだということを忘れてはなりません。精神科医にしても、患者の話のメモをとることにばかり熱心で、顔を見ない、相手に問いかけないというのは、最も嫌われるパターンの一つなのです。相手のニーズを知り関心を示すには、質問することが大切です。

ともかく、わからないことは聞いてみる、確認しておいた方がいいことは確認する。そして、相手の話を「こういうことですね」と、まとめてみるのも有効です。

ともあれ、ただ聞きっぱなし、メモをとりっぱなしで終わってしまってはいけません。

何となく話を聞いて先に進むのではなく、わからないことはその場で聞いておくことです。わからない話を最初に聞いておく分には勉強熱心ということになりますが、後になればなるほど聞きにくくなるし、聞けば、「何だ、今まで知らないで聞いていたのか」と信用を失うことにもなりかねません。

話の流れで、その時は聞き返さず、後で会社に戻って調べるという手もありますが、いずれにせよ、わからない話をわからないままで放っておいてはいけません。

「聞くは一時の恥」で、その場で聞くのが一番簡単です。

「目を見て話せ」というけれど

何かを話す時は、しっかりと相手の目を見て話せ、とよくいわれます。目を合わせないで話していると、何かやましいことがあるのではないか、嘘をついているのではないか、と思われるということです。しかし、その一方、じっと目を見られていると、落ち着かない気分になることも確かです。

精神分析の時に相手をリラックスさせ、個人の心の中にあることを包み隠さず話してくれるようにとフロイトが開発したのが、患者をカウチに寝かせる手法です。

ハリウッド映画やアメリカのテレビドラマなどで、精神科医の治療の場面になると、患者は長椅子のようなソファに寝て話す場面がありますが、あれです。

患者はカウチに寝て、精神科医はその後ろに座っていることが一般的です。医師から患者の表情を窺い知ることはできますが、患者から医師は見えません。その方が患者はリラックスできるし、後ろから聞こえてくる医者の声は天の声のようにも聞こえます。

現在の精神科医の間では、このカウチを使った古典的な手法には批判的な人が多いようです。患者の表情はもっときちんと見た方がいいし、医師の実際の表情も相手に見せ、アイコンタクトをきちんと取った方が医師と患者の信頼関係も深まると考えているためです。

しかし、患者がシャイで人見知りの人の場合、医師にじっと目を見続けられていたら、患者はくつろいで治療を受けられないでしょう。何か咎められているように受け止める人もいるかもしれません。

精神科医の場合は、この人は目を見て話した方がいいタイプなのか、そうでないのか、見抜くことも仕事のうちです。少なくとも、相手が視線を合わせてこないのに、こちらがじっと目を見続けるということはありません。

笑顔を大切にする

人が人と接する上で、笑顔は大切です。アメリカのスーパー営業マンが自分の成功法を書いた本で、「笑いかければ世界も笑ってくれる」と、営業における「笑顔」の重要性を指摘しているほどです。

日本でもビジネスにおける笑顔の効用は認識されているようで、最近では新人研修や営業研修で、笑顔をつくる研修を設けているところもあります。鏡を持って、自分の笑顔をチェックしてみたりしているようです。

確かに、誰でも相手の笑顔を見ると、何だか元気になった気がしてくるものです。露骨な作り笑いは不気味かもしれませんが、一般に笑顔は相手に対する警戒心を解いてくれます。笑顔の多い人はコミュニケーションをうまくとりやすく、実際仕事もプライベートも順調であるように見受けられます。

ただ、意味もなくヘラヘラ笑っているだけでは馬鹿だと思われるかもしれませんし、相手の話に何の興味も関心もない作り笑いは、往々にして見抜かれてしまうものです。

結局、笑顔の多い人とは、相手の話に面白さ、楽しさ、関心を持てるキャパシティの大きな人といえるのではないでしょうか。いいかえれば、人に関心を持てる人ということになります。そして、営業マンにとって、これは重要な資質だといえます。笑顔をつくる能力とは、すなわち人生を楽しめる能力でもあります。

さて、笑顔は顧客に対する効用もありますが、それだけではありません。笑顔をつくってみることは、自分にとっても無駄なことでありません。なぜなら、これも一つの「型」だからです。笑顔をつくることで気分が晴れ、自分自身、元気が出てくることがあります。ラグビー・ワールドカップで話題になった日本代表の五郎丸歩選手はキックの前に、ルーティンといわれる決まった動作をして集中力を高めていましたが、型というものはメンタルに対して大きな効果を持つものでもあるのです。

笑顔をつくる鍛錬などというと、ちょっとバカにしたくもなるかもしれませんが、型をつくれば心がついていくと考えれば、試してみるのもいいのではないでしょうか。

みんな誰かに気にしてほしい

コフートがいうように、患者は自分が少しでもよくなったら、自分が何かできるようになったら、医師に気づいてもらいたい、認めてもらいたい、ほめてもらいたいものです。自分のことに気づいてほしい。鬱病の患者が何カ月かぶりに散髪をしてきた時に、さりげなく「短い方が似合うね」と声をかけてあげると、「先生、わかってくれましたか」と喜ぶ。

似合っているかどうかの話ではなく、自分のことを気にして見ていてくれることがうれしいのです。反対に、そこに気が付かないと、先生は自分のことをきちんと見てくれない、考えてくれないと思われてしまうわけです。

人は、自分のことを誰かに気にかけてほしいものなのです。そして気が付いてくれれば、誰でもうれしい。顧客の誕生日を記録しておいて、誕生日になるとお祝いの手紙やメールを送ったり、女性の顧客だったら花をプレゼントしたりする営業マンがいます。また、その人や家族の記念日を覚えている営業マンもいます。

その人のことを気にかけている、私はあなたのことを大切に思っているということを示すことが大切なのです。

「わざわざ、そんなことする必要もないのに」と言葉では言っても、自分のことを気にかけてくれていることを知って悪い気持ちになる人はいません。

営業マンの中には、売ってしまったら終わりというのではなく、年賀状などでコンタクトを絶やさない人もいます。

一度、取引ができた顧客は貴重な存在です。新規顧客の開拓には手間もかかるし、長い間付き合ってくれる顧客は、営業マンにとって大切な財産です。

精神科医の患者とのつきあい方も変わってきました。

かつては精神科医が患者に自己開示してはいけないことになっていました。患者からプライバシーに関する質問を受けても答えてはいけない。手紙のやりとりなど、もっての他でした。

しかし、患者の立場に立ってみれば、先生と個人的に付き合いがあると思いたい。医師としても、そう思ってもらった方が、治療にプラスになることもあります。そのため、最近では、年賀状をやりとりすることも出てきました。

営業マンの場合も同じではないでしょうか。セールスの付き合いにとどまらず、顧客に友人のような関係であると思ってもらうことは有益です。

自動車の営業マンは、こうした関係の作り方が上手です。そうした関係が一度できてしまうと、なかなか他の自動車に乗り換えることができなくなります。あの人に悪いな、と思ってしまうわけです。

巧みな営業マンになると、他社の車に乗り換えられるとわかったら、「その車を売っている営業マンを知っているから紹介しましょう」とまで言ってきます。そうなると、一度は乗り換えても、次に車を選ぶ時はあの人に頼もうかと思うわけです。

人間は理屈でだけ行動するものではありません。そこが営業という仕事の面白さでもあるでしょう。

第三章　「困った人々」との付き合い方

営業に立ちはだかる様々な「個性」

世の中には、いろいろな人がいます。営業という仕事を続けていれば、当然ながら様々な「個性」に遭遇することになるでしょう。

その中には、営業マンは騙しに来ていると最初から思っている猜疑心の強い人、ちょっとしたことで大声をあげて怒り出す人など、非常識な人も必ずいるはずで、時には嫌な思いをした経験がある営業マンの方も少なくないはずです。

営業に限らず、学校ではモンスターペアレントが教師にとって悩みのタネになっていますし、一般消費者の中にも苦情をいうことが趣味ではないかと思われるクレーマーがいます。

最近の日本の社会では、このように感情を制御できない人々が増えているようにも見受けられます。

さて、こうした「困った人たち」には、いくつかのパターンがあります。

決めつけが激しい人
何でも疑ってかかる人
ちょっと気に入らないと激しく怒る人（キレる人）
自己主張が強過ぎる人
自分では決められない人

具体的に思い浮かぶ顔がある人もいるのではないでしょうか。

こうした人たちに遭遇した場合、営業マンはどう対応していくのか。

ちなみに、精神分析の世界には「陰性治療反応」という言葉があります。

いくら患者に共感をもって接していても、「どうせ先生はマニュアル通りにやっているんでしょう」などと取り合わず、時には急に怒り出してしまう。

「陰性治療反応」とは、このように治療者に対してネガティブな反応が生じることです。

精神分析の世界では、こちらが悪い（共感がうまくいっていない）のがその理由だと考える学派もあるのですが、どんなにていねいに接し、コミュニケーションに注意しても、攻撃的な反応しか示さない人が世の中には確かにいるのです。

ただ、頭に入れておいた方がいいのは、こうした困った人たちは、一般に多くの人から敬遠され、孤立している人が多いということです。

ですから、一度コミュニケーションを確立することに成功し、相手から信用されれば、強固な関係を築くことができる場合もあります。

特に、営業という仕事では、面倒臭い人たちだと最初から投げ出さず、どんなに疑われても、あきらめずに何度も会いに行くことが大切です。すぐに成果は出なくても、長い目で見れば、長期的で強固な良い関係を築くことができる可能性があります。

相手がどんな人であっても、あきらめないことです。

「怒り」の正体とその緩和

実は、精神分析の世界でも、「困った人」に対応できるようになるまでには、相当な時間がかかっています。フロイトの時代には、こうした「困った人」タイプは精神分析には合わないから、診ない方がいいとさえいわれていました。

精神分析の歴史をたどってみると、人はどうして「困った人」になってしまったのか、そしてそうした人たちに対してはどう対応していけばいいのかが見えてきます。

フロイトは当初、人間の本能は性的なものであると考えていました。そして、この本能を「エロス」、そこから出てくるエネルギーを「リビドー」と命名しました。

要するに、リビドーを相手に受け入れてもらおうとするのが人間の本能であり、パワーの源泉だとフロイトは考えました。本能である性欲を満たしたいから、人は勉強したり努力したりするというわけです。

しかし、研究を進めていく中で、人間は性や愛だけを本能とした生き物でないことにフロイトは気づきます。そして、性愛とは別に「タナトス」という死の本能を想定し、そこから出るエネルギーを「アグレッション」と呼びました。

「怒り」とはタナトスから出るアグレッションであり、激しい怒りや攻撃性は、死の本能から出るアグレッションが強過ぎるために発生するとフロイトは考えます。そして、行き過ぎたアグレッションの解決法として、無意識のアグレッションを解釈して理解させることが大切だと思い至ります。ただ、幼少時に自我が形成されていない場合、後から自我を鍛えようとしても難しいとも考えていました。

さらに、フロイトは新しいモデルへと自らの理論をバージョンアップします。

新しいモデルでは、人間の心は、心をコントロールする「自我」と、エロスやタナトスから出る欲望のエネルギーの集合体である「エス」といわれるもの、そして無意識のうちに心に住みついた自分の親がいろいろな形で命令を出している「超自我」、という三つの要素からできているとされます。

自我とは理性であり、超自我とは無意識のうちに体や心が反応し行動を制約するものといってていいかもしれません。そして、自我を成長、発達させていけば、怒りもコントロールできるようになると考えられました。

自我を成長させ人間の理性を強化させるというフロイトの理論による治療法は、精神医学の世界では科学的な治療法であるとされ、特にアメリカで隆盛となりました。

ただ、こうした精神分析の治療では、それほど心の病が重くない患者が主な対象でした。

一方、一定の程度を超えて自我が弱い人は、正常と精神病の境にいる「境界例」とか、「ボーダーライン」と呼ばれ、精神分析では治らない。反対に分析を受けることで状態が余計に悪くなることさえあるとみなされたのです。

ボーダーラインとは、感情のコントロールができず、対人関係がうまく持てないような人たちです。つまり「困った人たち」のように、普通に生活しているし病気とは思われないけれども性格に問題があるようなタイプです。

さて、医学の進歩とともに、これまでフロイトが精神分析の対象としてきた患者は、薬で治すことができるようになります。そして、精神科医は従来のように、ボーダーラインとされる患者を避け、軽症の患者たちを相手にしているだけではやっていけなくなりました。

そこで、新たな治療対象となる患者を開拓するということで、精神分析の範囲をボーダーラインへと広げ、カウンセリングのような形で治療を始めることになります。

この治療では、ボーダーラインのような「困った人たち」が感情をコントロールできないのは、自我がうまく形成されていないか、生まれつきアグレッションが強いからだとされました。

こうした患者に対しては、自我の力を育てていく、あるいは子供じみた攻撃性の正体がわかるような精神分析をしていけば、アグレッションを弱めたり、自我の力でアグレッションを抑制したりできるようになる、という考えが生まれてきました。

こうしてボーダーラインに関する研究が進み、精神分析は生き残るわけです。

少々理屈っぽい話になってしまいましたが、ここでの教訓は、最初から「困った人」とはコミュニケーションを成立させることができないものと考えて、あきらめるべきではないということです。

フロイトの時代には無理だと思われたことが、様々な研究や治療法の開発によって可能になっています。

これを、営業シーンに置き換えれば、最初から投げ出さずに柔軟な思考法で取り組んでみることです。営業マンも「困った人」に当たってしまったと思って簡単にあきらめてはならないということです。あきらめる前に考えてみることはいろいろとあるはずです。

自己愛性パーソナリティ障害

アグレッションの強いボーダーラインの人の特徴のひとつは、相手が嫌いになると徹底的に攻撃するが、反対に一度好意を持つと徹底的に好きになることです。

営業マンは、初対面の時から好かれることはあまりないので、警戒や攻撃の対象になりがちですが、その壁を乗り越えればオセロゲームのように事態は好転します。

ところで、こうしたボーダーラインの人たちに加え、精神科の薬が発達した後、精神分析医にとっての大切な客層になったのは、自己愛性パーソナリティ障害の人たちです。

この人たちは自己愛が非常に強くて、ほめてもらえないと、すぐにすねたり怒ったりします。また、自分ほど偉い者はいないと思ったりするような人たちです。

この障害の一つの特徴は、他人と共感できない。あるいは、他人の気持ちを理解できないということです。だから、平気で人に冷たい態度をとることができます。これもまた「困った人」です。

この分野で注目された精神分析学者が、前にも紹介したコフートです。コフートは、自分が注目されていないと怒り出したり、他人に共感できなかったりするようなパーソナリティに問題がある人の治療で名声を博しました

コフートは、自己愛性パーソナリティ障害の人が社会的に不適応を起こすのは怒りをコントロールできていないからだとしつつも、生まれついての怒りというのは原則的にないと考えました。怒りとは本能の発散ではなく、人間は自己愛が傷つけられた時に怒るのだと説いたのです。

要するに、自己愛が傷つけられた時に、激しい攻撃性が出るというわけです。メンツをつぶされたり、自分はバカにされていると思ったり、プライドが傷つけられた時に、感情が爆発してしまうわけです。

そうした怒りは、程度の差こそあれ誰にでもある感情ですが、自己愛性パーソナリティ障害の人たちの場合は傷つくことに特に敏感で、一度スイッチが入ると自分の感情に歯止めがきかなくなってしまいます。

現代の精神分析学では、愛されないことや、自己愛が満たされなかったことが、怒りを悪質なものにし、そうした状態が続くと怒りをさらに増幅、持続させてしまうと考えられています。

人の心を、闇の世界に連れて行ってしまうわけです。人間の怒りは、自分が愛されていない、無視されている、友人がいない、家族を失ったなど、自己愛が傷ついている時に暴走し、病的で偏執的なものになっていきます。

営業マンであるあなたが遭遇した「困った人」の心の裏側には、そうしたものが潜んでいたのかもしれないのです。そう考えると、後ほど詳しく説明しますが、高齢者に「困った人」が目立つ理由も何となく理解できるのではないでしょうか。

自己愛を満たしてあげることが「困った人」の心を変えていく

自己愛が傷ついている時、怒りはますますエスカレートしていきます。相手の自己愛が傷ついている時、こちらが相手のことを考えて言った言葉であっても、それが相手の傷に触れてしまうと、怒りはさらに爆発、暴走することになります。営業の現場で、実際にそんな経験をした人もいるのではないでしょうか。

一方、何らかの形で傷ついた自己愛が癒やされれば、怒りが収まっていくというのがコフートの基本的な考え方です。わかりやすくいうと、周囲から認められたり、愛されたり、同情してくれたりする人がいると、心は落ち着き、怒りも鎮まってくるのです。

人間は、愛されない状況にいると、最初はすねたり、いじけたりする程度ですが、それが積もり積もっていくと、周囲の人や社会を恨むようになっていきます。怒りをコントロールできなくなってくるのです。

これまで愛された経験が少ない人ほど、自分が愛されたり、認められたりされるようになるという期待を持つことができないので、周囲に当たるようになり、ちょっとしたことで怒りやすくなりがちです。自己愛が満たされてこなかった人ほどキレやすく、感情のコントロールが不得意なのです。また、これまで満たされてきた人であっても、愛されない状況に置かれると、同じような傾向を示すようになります。

それだけに相手に好意を示し、認めてあげることが大切なのです。愛され、認められることで、人は怒りの感情をコントロールすることができるようになっていきます。

愛されない環境に育った人は、そうした好意を素直に受け止められないことがありますが、時間をかければそれも解消されていきます。そういう形で最終的に自己愛を満たしてあげれば、怒りをコントロールできる人になる。精神科医の場合、どれだけ自己愛を満たしてあげることができるかが、治療のポイントとなるというのがコフートの考え方です。

精神科の話が長くなりましたが、この考え方、「困った人」に対応する基本になります。

「困った人」は潜在的な優良顧客

「困った人」にも、そうなるだけの理由があること、そして精神科では対応する治療方法が開発されてきたことも理解できたけれど、自分たちは精神科医ではないし、相手の信頼を得るために自己愛を満たしてあげるなど、それだけの努力をする必要があるのか、と疑問に思う人もいるかもしれません。自分たちは営業マンであって、カウンセリングを職業にしているわけではない。困った人たちとわかったら、もう近づかなければいいのではないかと。

でも、もう少し考えてみましょう。

困った人たちは表面的には自信満々で他人のことなど気にしていないように見えますが、実は困った人であればあるほど、本人も自分が好かれていないことを知っています。

つまり、彼らは孤独なのです。もっと人に愛されたい、もっと人に認められたいと心の奥では思っていても、決めつけの激しい人やすぐキレる人に、わざわざ近づこうとする人間はいないし、疑い深い人は自分に近づく人が来たら来たで、何か下心があるのではないかと疑う。極端な例をあげれば、孫がたまに遊びに来ても、カネを無心に来たのではないかと思うタイプです。

要するに、彼らは人に対して壁を作っているのです。

しかし、既に述べてきたように、困った人たちは、自己愛が満たされることで相手に好意を持つようになると、とことん相手を信用します。

営業でいえば、一度製品やサービスを信頼してもらうと、いつまでも買い続けてくれる忠誠心（ロイヤリティ）の高い顧客になる可能性を持っているのです。極論すると、人間として信頼してもらえれば、どんな製品・サービスであるかさえ関係なくなります。

確かに、困った人とコミュニケーションがとれるようになるのは大変です。苦情にしても、営業とは関係ない日頃の愚痴にしても、ネガティブな話を長々と聞かされるのは気が重いものです。誰でも理不尽に怒られて、いい気持ちがするものではありません。

けれども、何度も訪ねて話を聞いてあげることは、相手の自己愛を満たし、孤独を癒やし、猜疑心の壁を取り払うことになっていくかもしれません。また、心の壁を乗り越えてみれば、困った人だと思っていた人が意外と良い人だったということも往々にしてあります。

単純に、そして短期的に考えれば、困った人たちは非効率的で手間のかかる、営業マンにとっては障害ともいえるような存在です。つまり、労多くして実りが少ない。

もちろん、短期の成績を確保しなければならない忙しい時期に、時間を割いて営業をかける対象ではないでしょう。しかし、長期的に安定した営業成績を上げるためには、短期的な顧客だけでなく、長期にわたって買ってくれる「お得意様」、「ロイヤルカスタマー」と呼べるような顧客の開拓が必要です。

そう考えると、困った人は潜在的な優良顧客ともいえるのです。面倒臭いから「このお客さんはパス」と考えず、もう少し長い目で攻略法を考えていくことは無駄ではないでしょう。

繰り返すようですが、営業マンたるもの、安易にあきらめてはならないのです。

高齢者になぜ「困った人」が多いのか

かつては、人間は歳を取るごとに円熟していくものだと思われていました。映画やテレビドラマの老人たちは、知恵に富み、温厚で、いつも微笑みを絶やさないようなイメージがあったわけですが、現実は必ずしもそうとはいえません。

実際、店頭で若い店員さんを相手に大声で怒鳴っているのは、たいてい老人です。

そして、少子高齢化が進んでいる現在、飛び込み営業で家々を訪問していけば、かなりの確率で高齢者に当たるはずです。そこで、些細ことでキレる高齢者に出会った人もいるでしょう。

「キレる」といえば若者の話のようですが、実際には若者の方が意外と礼儀正しくて、高齢者の方が扱いが難しいという傾向があるようです。

高齢者に「困った人」が増えてきたのには、それだけの理由があります。このテーマについては既に拙著『困った老人と上手につきあう方法』（宝島ＳＵＧＯＩ文庫）で詳しく述べていますが、もう一度、困った老人について考えてみましょう。

まず困った老人の頭の中で何が起こっているのか。高齢者を専門としている精神科医の立場から、述べてみましょう。

脳の老化は、前頭葉の萎縮から始まります。前頭葉は、おおまかにいうと、大脳の前方の領域で、理性、感情、意欲、思考、創造性などをつかさどる部分です。人間を人間らしくしている部位といえます。

人間は老化すると、前頭葉が萎縮し、理性、感情、意欲などの機能が低下していきます。歳をとって脳の機能が低下するというと、記憶力が低下し物忘れがひどくなる、いわゆる「ボケ」をすぐに思い浮かべがちですが、脳の記憶をつかさどるのは「海馬」と呼ばれる部分で、老化がここから始まるわけではありません。むしろ、前頭葉の機能低下の方が早いのです。

前頭葉の機能の低下が起きると、「意欲」、「感情抑制機能」、「判断力」が低下し、「性格」が先鋭化します。意欲がなくなって無気力になるパターンもあれば、感情のコントロールが効かなくなってしまう人も出てきます。

前頭葉は「理性」をコントロールするところであり、これが衰えると、感情を抑制したり、相手の気持ちに配慮したり、我慢したりすることができなくなるケースも出てきます。自分の思い通りにいかない、相手の発言や態度が気に入らないなど、今までは円滑で円満な人間関係に配慮して柔軟に対応できたものが、理性の制御が効かず、感情のままに爆発してしまう。「癇癪持ち」、「偏屈」などといった高齢者の負のイメージは、前頭葉機能の老化が関係しているのです。

突然激しく怒り出す（キレる）ことだけでなく、被害妄想ではないかと思うような疑り深さも、ここに発しています。怒りっぽい人はさらに怒りやすく、疑り深い人はさらに猜疑心の固まりになっていくこともあります。人間関係が難しい高齢者特有の「困った人」たちの誕生です。

前頭葉の老化は、「新しいことへの適応力」の低下をもたらすともいわれます。

新製品にしろ、新サービスにしろ、新しいブランドにしろ、初対面の人にせよ、新しいものに対して疑ってかかるのも、こうした適応力の低下が一因です。特にネット社会になってからの変化は激しいですから、まず否定から入る人が高齢者に多いのも無理はないでしょう。

しかし、こうした老化の特徴を高齢者自身に知ってもらい、脳トレではないですが、新しいことにチャレンジすることで前頭葉が刺激され、脳の老化を防ぐ効果もあることを伝えるべきではないでしょうか。

いつまでも心身ともに若く健康であるために新しいことに挑戦してみる、というアピールは営業でのポイントになる可能性もあります。

さて、もう一つ脳の老化現象としてあげられるのは、脳内の神経伝達物質が減少するということです。

神経伝達物質の減少には二つの特徴があり、ひとつは高齢になるほど鬱になりやすいこと、もう一つは高齢になるほどイライラが増すことです。家族に高齢者がいる場合に心配なのは前者ですが、営業シーンで遭遇することが多いのは後者でしょう。

神経伝達物質は、神経細胞を興奮させたり抑制したりする働きを持っています。

そのうち、ドーパミンは快楽や喜びを強くするもので、ノルアドレナリンは恐れや驚きを感じさせます。そして、セロトニンは、ドーパミンやノルアドレナリンをコントロールして、精神を安定させる働きがあります。

このセロトニンは年齢を重ねるとともに減っていきます。セロトニンが不足すると、意欲が低下して、鬱になってしまったり、身体に不調を感じることが多くなったり、ちょっとしたことで怒るようになったり、感情を抑えることがうまくできなくなってしまったりするわけです。

脳の老化現象は、認知症ばかりではありません。むしろ知的機能の低下よりも、感情機能の低下の方が先に起きます。肉体が衰える前に、感情機能が低下します。感情が落ち込み、老け込む人もいれば、感情の制御は弱くなっても肉体的にはまだまだ元気でパワフルな「キレる老人」を生み出したりもします。

このように、脳の老化現象が、「暴走老人」といわれるような困った人を生み出している面もあるのです。

困った老人を生み出す自己愛を満たせない時代

脳機能の老化現象に加えて、困った老人が増えている背景には心理的要因もあります。自分が自分でなくなったように感じる「自己像」の喪失です。

鏡を見れば、昔とは違った歳をとった自分の姿があります。体力も衰え、若い頃のように疲れ知らずに動くこともできず、疲れがなかなか抜けません。

歳をとっていくと、記憶力も低下して物忘れをするようになり、これまでの自分が失われていくような感覚に襲われます。視力が衰え、耳も遠くなるといった感覚器の機能の低下も、いままで見たり聞いたりして認識していた社会との関係が閉ざされていくようにさえ感じさせます。

現実には、心身に何か支障が出ていなくても、老化現象の兆候が出始めた初老の段階から、自己像の喪失に不安を覚えるようになります。

初老期には、社会における自己の役割の喪失を経験します。

父母や友人が亡くなったり、子どもも就職や結婚などで家族から離れたり、定年退職で会社の知り合いとも疎遠になったりするなど、自分を知る人間が周囲から次第に消えていきます。自分の立場が変わり、「自分が何であるのか」というアイデンティティが不明確になります。

男性の場合、定年退職は決定的な変化を与えます。特に仕事人間として会社に尽くし、社会で有能とされていた人ほど、引退の意味は大きくなります。その人のアイデンティティそのものだった名刺に書かれていた社名や肩書がなくなることが精神的喪失感につながるのです。

それだけに、大企業や官庁・役所など大きな組織にいた人ほど、退職後の新しい環境に馴染むのは難しいようです。肩書を失った自分が他人から、どうみられているのかを気にし、名刺のない自分が何をどうしたらいいのか、わからなくなります。自己像が揺らぎ、自分は人から見下されているのではないかといったことに過敏になります。街中で、身なりの良い老紳士が、店員や家族に当たり散らしている姿を見かけることがありますが、このタイプの人なのかもしれません。

精神分析の世界には、「自己対象」という概念があります。自己対象とは、自己愛を支えてくれる存在のことです。自分を認めてほめてくれたり、プライドを満たしてくれたりするような存在です。

プロローグで、コフートが指摘した「ほめてもらいたい」、「頼りたい」、「自分に同調してもらいたい」という人間の三つの心理的傾向を紹介しました。

これらを専門用語でいうと、「鏡自己対象転移」、「理想化自己対象転移」、「双子自己対象転移」となります。鏡自己対象転移は自分を注目し認めてもらえる体験をすること。理想化自己対象転移は周囲が心の支えとなってくれていると感じること、双子自己対象転移は自分も同じ人間だという感覚を体験することともいえます。そして、コフートに言わせるとこれらは相手がいて初めて体験できることなのです。

この三つの自己対象転移が働いている時は、人間の心は安定した状態でいることができます。

自分がいいことをした時には認めてほめてくれる。落ち込んでいる時には励ましてくれる。不安や疎外感を感じている時には「自分も同じだ」と共感してくれる。そうした相手がいてくれることで心が落ち着くわけです。

初老期には、こうした三つの自己対象が失われやすい。特に会社人間は、会社という居心地のいい場所を失い、地元での付き合いも希薄だとすると、退職した途端に社会的な人間関係をすべて失ってしまうなどということにもなりがちです。

「部長」、「先輩」と自分を立ててくれていた世界が消え、自分を知ってくれている人が少なくなります。以前、「亭主、元気で留守がいい」というCMの言葉が流行語になったことがありますが、現代では家族との関係さえ希薄になっている場合も少なくありません。

夫婦でも、妻は近所や趣味、子どもの学校など、様々な社会的な関係を持ち、アイデンティティは維持されやすいですが、会社員だった夫は自己愛を満たす機会を見つけることが難しいようです。

困った人たちには、自己愛を失っている人が少なくありません。先に述べた三つの自己対象転移が満たされていないと、何事に対しても不満を持ち、不機嫌でイライラした状態になります。外面的には攻撃的であったり、被害妄想的であったり、人を人とも思わない傲慢な自信家のようにみえる時もありますが、心の中は孤独と不安でいっぱいだったりするのです。

そう考えてみると、困った老人たちに対する目も変わってくるかしれません。困った人が激怒している本当の原因はあなたにあるのではなく、自己愛が満たされてないためなのかもしれないのです。こうした人たちに対しては傷ついた自己愛に配慮してあげることが第一です。そうすれば、もう少し落ち着いた会話ができるようになるかもしれません。

クレーム処理のポイントも自己愛

困った人たちへの対応のポイントは自己愛を満たすことが基本になりますが、ベテラン営業マンが実践しているクレーム処理では、すでに実践されているように見受けられます。

クレーム処理の原則の一つは、クレームを受けたら即座に相手のもとに向かうことです。クレームの怒りの原因は、製品やサービスに関するものですが、対応が遅れると、さらに「自分（たち）は軽く見られているのではないか」という心理的要因、つまり自己愛が傷つけられている感覚が混じってきます。

そのため、電話やメールではなく、ともかく相手のもとへ直接行け、ということが原則とされています。まずは電話ですぐにクレームの内容を聞き、対応を決めるにしても、自分の側に問題があった場合は相手をすぐに訪問することがとりわけ重要といわれます。

とかく、電話やメールでは感情的になりやすいようです。電話ではかなり激しい口調で怒っていたのに、直接対面してみると、意外と穏やかな話し合いになるということがままあります。顔を見ながら話した方が、相手も感情を抑制できるのではないでしょうか。

加えて、相手のもとへ行くことは、相手をそれだけ大切にしていることとの意思表示にもなります。「ご足労」という言葉がありますが、こちらから行くことで相手も「わざわざ恐縮です」という心理になります。

ですから、問題が起きた場合、相手が「そちらに抗議に行く」と言ってくる場合もあるわけですが、来てもらうのは禁物で、あくまでこちらから出向くのが鉄則とされています。あるベテランのセールスマンは、クレーム処理では「雨が降っていたら最高」とまで言います。つまり、訪問時の条件が悪くなればなるほど、相手のことをそれだけ認めて、尊重していることになるからです。いわば、相手の自己愛を満たすことで、できるだけ怒りを抑えようというわけです。

クレームが入って、相手に釈明に向かう時、「こんな時に雨まで降って運が悪いな」と嘆くのは新米営業マンで、喜ぶのがベテランといっていいかもしれません。

ともあれ、コフートの心理学を勉強したわけではないでしょうが、営業のベテランたちは経験的に相手の心理を知っているわけです。彼らが困った人たちへの対応がうまいのも、こうした理由からなのです。

キレる人がキレたらどう対応するか

さて、ここからは困った人のタイプ別に考えていきましょう。

まずは、最も扱いに困る人。突然怒り出す、いわゆるキレる人たちです。

精神科医の場合も、こうしたキレる人に遭遇することは少なくありません。

まずいえることは、その人の心の中にある地雷を踏まないように気をつけることです。

感情を爆発させる地雷は、その人によって異なり、なかなかわかりにくいものです。営業で前任者がいるのならば、それまでにトラブルになったことがあったか、どのような発言で険悪になったことがあったか、聞いておくこともいいでしょう。前任者が踏んでいる地雷をまた踏んでしまったなんて最悪です。

それでも、地雷を踏んでみて初めてわかることもあります。踏んでしまったら、相手の感情が爆発する地雷を発見できたことが収穫だと思うことです。まずは相手に怒るだけ怒ってもらい、嵐が過ぎ去るのを待つことです。

どんなに理不尽な話であったとしても、ただでさえキレる人なのですから、反論すれば火に油を注ぐことになりかねないし、相手が話している時に下手に謝罪の言葉を入れても、話を邪魔されたと思って逆上することもあります。

爆発してしまったら、相手のエネルギーがすべて放出するまで待つことです。「永遠に怒ることができる人はいない」といっている人がいましたが、怒るといっても、言葉が尽きれば終わりになるし、ひとりで怒っていると、相手のテンションも次第に下がってきます。そして、内心言い過ぎたかと思って反省し、後で気を遣ってくれることも少なくありません。

怒りが静まるのを待つ。そして謝罪すべきことがあったら、謝罪するのは当然です。また、ビジネスの場合、謝った後でどう対応するのかを説明することも重要です。謝っただけで誤魔化そうとしていると誤解されることもあるからです。

モンスター級の困った人が爆発した場合

キレる人の中には、人を怒鳴りつけたり、クレームをつけたりすることが快感になっているのではないかと思いたくなる人もいます。いわゆる「暴走老人」、「クレーマー」、「モンスターペアレント」などといわれる人たちで、対応を誤ると、「責任者は誰だ」、「上司を呼んでこい」などと、事態はさらに悪化していきます。

こうした難しい困った人たち対しては、自分は無視されていると相手に思わせないことが何よりも重要です。その上で、こちらが認められないことについては感情的にならず、ていねいに論理的に説明することが求められます。

相手の言い分が長くても、相手の感情が発散するまで聞く。下手に口をはさむと、火に油を注ぎますから、火の勢いが収まるまで待ちます。これは先に述べた方法と同じです。

次にすることは、話を聞いた後、対応できることと対応できないことに仕分けすることです。その際、最初からできないと考えるのではなく、相手の顔が立つように、苦情や要求の中で何か対応できることがないか探してみることです。それが見つかれば、そこが落としどころになる可能性があります。

相手の勢いについ押されてしまって、できないことまで認めてしまうのは禁物です。それは問題を先送りするだけで、結局できないとわかった時には、相手の怒りは増幅されて返ってきます。それでは解決を難しくするだけです。

「本当に申し訳ございませんでした。この点については対応させていただきます」と、相手のメンツを立てて譲歩した上で、「こちらについては難しいようです。ご容赦ください」と言えば、そこでトラブルを収めることができるかもしれません。

繰り返すようですが、クレーマー型の人も含めて、キレる人に遭遇した場合、相手が怒り狂っている時には、時間をかけてその怒りのエネルギーが発散するまで我慢することです。お話はきちんと受けとめています、という共感の姿勢は崩さず、認められないことがあれば、感情的にならず、少しずつこちらの言い分を理屈で説明していく。

いずれにせよ、キレる人からの苦情に対しては、対応できることを探し、落としどころを決めることでしょう。

機嫌のいい時にキレる確率は低い

キレた場合の話が先になってしまいましたね。それでは、よくキレる人に営業の話をしたい場合は、どうすればいいのでしょう。

まず知っておくべきは、キレる人でも機嫌のいい時には、地雷の感度は鈍く怒り出す確率は低いということです。

というわけで、営業の話をする場合は相手の機嫌を良くしておくことが大切です。もしも機嫌が悪そうだったら、その日は営業には適していないと考えて、信頼関係づくりのために相手の話を聞く日だと割り切るべきでしょう。

そんな時でも、話の中から何かニーズが発見できるかもしれません。また、人によっては朝、昼、夕と機嫌の良し悪しに波がある人もいますから、相手がどんなタイプの人間かチェックしておくのもいいでしょう。

既に述べたように、キレる人は一般的に自己愛が満たされていなかったり、慢性的な欲求不満になっていたりする場合が多いようですが、どんな時でもその人の自己愛を満たしてあげることが大切です。

日頃から、相手の中に良いところ、感心するところを探してみることです。どんな人でも、良いところを見つけようと思えば、何かしらあるものです。社交辞令と思われるようなことでも、良いことを言われて悪い気持ちはしないものです。特にちゃんと観察した結果であればなおのことです。

キレる人といっても、誰かまわず怒り出すということは少ないものです。自分を立ててくれる人や忠実だとおぼしき人にはあまりキレないようです。

弱い相手とみると強く出る人もいて、営業マンは客には逆らえないだろうと、キレる対象にされるリスクはありますが、自分にしか言いたいことを言えない孤独でさびしい人なのだと思えばいいのです。プライベートでそうした人とあえて付き合う必要はないのかもしれませんが、営業マンである以上、自分は仕事をしているのだということを忘れてはなりません。

ある大手有名企業の女性社員は、「プライドの高い男性社員たちの中で働く時は幼稚園の保母さんになった気持ちで接するようにすればいい」と言っていましたが、それぐらい心に余裕を持つといいのかもしれません。子どもだったら、泣いても怒っても、そんなものだと思えるはずです。

どうしてキレる人になったのかは、これまで説明してきたように、それなりの要因があるのでしょう。ストレスはあるかもしれませんが、相手の話を聞いてあげることで意外な人間関係ができるかもしれません。

決めつけが激しい人の心の中

知的能力が低いから理解できないのではなく、決めつけが激し過ぎてコミュニケーションが成立しない、という人がいます。「困った人」の中でも、突然怒り出す人のように攻撃的ではないけれど、自分で「こうだ」と思ったら、それ以外の話は自分の頭からシャットアウトしてしまう。営業マンとしてはなかなか大変な相手です。

決めつけが激しい人は、基本的に物事を非常に単純化して考える人です。物事が起きる理由を決めつけて、単純に片付けてしまう。

一般にこういう人たちは、「営業マンはウソをつく」、「日本製以外の製品はダメだ」、「インターネットは危ない」などといったように、短絡的に結論を決めてしまい他の可能性を考えようとしません。

ブランドはまだ確立されていなくても自分の知らない良い製品もあるのではないか、などと選択肢を広げ、多角的に物事をみて考えるということをしません。かつては一流といわれた有名ブランドの製品の品質が他社に追い抜かれて時代遅れになり、割高になっていても使い続けるタイプの人たちです。もっといい製品がもっと安く出ていても、説明を聞こうともしない。決めつけの激しい人とは、自ら選択肢を狭めている人です。

決めつけの激しい人は、性格が単純な人ともいえます。単純な性格ですから、一度信じると猪突猛進、一つのことに集中して成功する人もいます。その一方で、柔軟性がなく広い視野で考えられないので、一度失敗すると他に選択肢がなく、落ち込んでしまうことになります。

ある意味、「躁鬱」に似ています。自分の決めつけたことが当たればイケイケですが、外れると極度に落ち込み、なかなか立ち直れないことにもなりかねません。

「躁」の時、こういう人はかなり押し付けがましいタイプともいえます。周囲にうっとうしがられ、営業に行っても反対に説教されることもあるでしょう。

営業マンにとってこのタイプが難しいのは、周りの意見にまったく耳を傾けようとしないことです。こちらが売ろうとしている製品やサービスが、幸運にも相手の決めつけに合致している場合は楽勝ですが、反していた場合は話をまともに聞いてもらえません。自分の決めつけた結論に凝り固まっている人ですから、あなたは敵と見なされてしまうかもしれません。

このタイプの特徴としては、次のような点があげられます。
① 何事につけてもすぐに一つの結論を出したがる
② 「こうでなければならない」と思い込んでいる
③ 一つのものが良いと思うと他に目がいかなくなる
④ 第一印象でこの人はこんな人と判断しがち
⑤ 味方でなければ敵と思う。
要するに、白黒をはっきりさせたがるタイプです。営業マンに対しても、敵か味方かどちらかだ、と考えがちです。時には、血液型で人格まで判断されてしまったりします。初対面で、「信頼できる人」と思われればいいですが、「この営業マンの話は怪しい」と決めつけられると、その前提で付き合わされることになります。

その決めつけが合理的かどうかは別の問題で、世の中では既に知られている製品であったとしても、本人が知らなければ「この会社の製品は怪しい」と決めつけられることになりかねません。

余談ではありますが、韓国や中国のメーカーで、欧米を含め世界では既にブランドを確立している製品でも、なかなか日本の市場に入り込めない一因は、日本にこの手の人が多いことにあるのかもしれません。

決めつけ型の困った人とどう付き合うか

決めつけ型の困った人が営業相手の場合、何かその人の決めつけたポジティブな項目に当たっている時はいいのですが、その決めつけた範囲から外れると、急に敵視されたりします。

世の中には、白黒だけでなくグレーの領域があり、敵味方以外に中立というゾーンもあるのですが、この類の人たちにとっては白と黒しかありません。それだけに、営業マンとしては相当注意を払う必要があります。

決めつける人と付き合うには、まずその人の話を注意深く聞く必要があります。思考パターンは単純ですから、何を良いと考え、何をダメと考えているのか、話をしている間に白黒の世界観が見えてきます。自分のことをどう見ているのかも、話し方でわかるでしょう。

まずは、相手がどのような物差しで物事や人を見ているかを知り、その価値観を逆なでしないように話を進めていくことです。

相手の考えを修正していきたい場合にも、いきなり「そんなことはありません。こちらの方が」などと切り出すのは危険です。このタイプには「そうですね。いいですね。でも最近はこんなものもあるようですよ」というように、同意から入るのが基本です。

営業の相手が決めつけ型の困った人であっても、何度か会って「自分の考えをよく理解している良い人間」、「よく会いに来るかわいい奴」と思われるようになってしまえば、ある程度のことは許容してくれます。

ただし、相手の様子については絶えずチェックが必要です。いったんは信用を得ても、相手があなたから批判、反論されたと思えば白から黒へ。「お前はわかっていない」と敵視されてしまうリスクがあります。

とはいえ、接し方には気を遣いますが根は単純な人たちですから、本人が自分から結論を出したという気分になれば、ある日、以前とは一八〇度違うことを言っているなどということも起こります。そんな時、当然ですが「言うことが変わりましたね」などと言ってはいけません。

いずれにせよ、このタイプの人には、自分は相手のサイドに立って考えている、ということを常にアピールしていかなければなりません。時間をかけて修正していくというのが、この人たちとの付き合い方の基本となります。

自分で決められない人にはどう対処するか

会社でも、家庭でも、自分で決められないという人はいるものです。優柔不断なのか、自分が決めることで責任をとりたくないのか、意思決定ができません。こうした人に出会った場合は、その人自身を変えようとするよりも、キーマンを見つける方が近道です。

精神科医の場合にも、同じようなことがあります。たとえば、認知症の患者さんを施設に入れるのか入れないのか、なかなか決まらないことがあります。こうした場合、家族の中でキーマンになっている人を探します。この人を押せば物事が進むという、家族の中で最も発言力がある人に相談すると、どういう方針で進むのかが決まります。こうしたキーマンを探すのも医師の仕事の一つです。

営業の例では、自動車の購入の決定権を持っているのは夫ではなく、妻であったりします。夫がこんな色、こんなタイプの車もどうだろうかなどと、あれこれ迷ってなかなか決められなくても、財布を握っているのは妻でこの価格までといえば、自ずと決まってしまうものです。「決められない人」に決めてもらうよりも、本当に「決める人」を探した方が早く結論が出ます。会社の場合も同じでしょう。課長が「決められない人」だった時、意思決定をしているのは部長なのか、あるいは課長を補佐している部下が実質的にプロジェクトを動かしているのか、打ち合わせの場での雰囲気でわかるはずです。

問題は「困った人」なのか「困った話」なのか

困った人への対応法について紹介してきましたが、もう一つ、気をつけた方がいいのは、自分自身の感情です。

クレームを受けた時に、「難くせをつけるクレーマー。困った人だ」と反発するのか、「お客様に迷惑をかけてしまった。この件はすぐに対応を」と反省するのか。反発か反省か、どちらの感情を抱くのか。実は、何を言われたのかではなく、誰が言ったのかによって変わる場合があります。好きな人の話にはポジティブなバイアスがかかるものだが、嫌いな人の話にはネガティブなバイアスがかかるというのは、営業相手だけではなく自分自身も同じなのです。

相手への先入観は、判断を誤らせます。相手が営業マンの外見で判断するように、「高齢者は頑固だろう」とか、「顔つきが神経質そうだ」とか、こちらも第一印象で相手を決めつけているかもしれません。相手に何かしら嫌悪の感情を持っていると、製品やサービスに関心を持ったことから発した単なる疑問なのに「疑り深い人」だと思ったり、「反論されているのでないか」と捉えてしまったりします。

相手によって、話が自分の中にすんなり入ってきたり、聞く耳を持たなかったりすることはよくあることです。営業マンも人間です。自分も相手に対して一見して好感を持つタイプであったり、反感を持つタイプであったり、好き嫌いはあるものです。

けれども、世の中に価値観や人生観が違う人がいるのは当たり前です。困った人の中には、あなたが勝手に「困った人」と決めつけている人がいるかもしれないという視点を持っておくことは大切です。

自分と合わない人をすべて「困った人」に分類していたのでは、営業の幅は広がらないし、ビジネスのチャンスを自ら失っていることになります。顧客のニーズを知るという観点からもマイナスです。

クレームにチャンスあり、という言葉もビジネスの世界にはあります。クレームはユーザーの不満であり、不満を解消することが新しいヒット商品を生み出すことにもなるからです。

大切なのは「誰が言ったか」ではなく「何を言ったか」です。話の中身に意味があるのです。本当に「困った人」なのか、あなたが「困った人」だと思っているだけなのか。発言した人の問題なのか、話の中身の問題なのか。「あんたには言われたくない」と思っていても、言われたことが正しければ、反省して対応するのが営業というものです。

人間誰しも、自分が相手を嫌えば、相手も自分を嫌うのは当然の心理です。それではコミュニケーションは成立しません。困った人ほど極端で常識的ではないものの、困ったた人的な傾向は誰にでもあるものです。自分自身を振り返ってみれば、多少は思い当たるところもあるでしょう。

この客は話にならないと決めつけていないでしょうか。顧客の話に、売り言葉、買い言葉で、あなた自身が「キレる人」になっていませんか。

営業の場ではなくても、同僚や部下、家族に対してはどうでしょう。あなたの「困った人」的な部分が相手の「困った人」的部分を目覚めさせているところもあるかもしれません。

悪い感情ほど伝染する

人間の感情は伝染します。不機嫌で無愛想な営業相手に会うと、「何でこんなに不機嫌で嫌な感じの人だろう」と思い、あなたにも不機嫌が移ります。時には「自分に何か悪いところがあるのだろうか」と落ち込んでしまうこともあるでしょう。ネガティブなパワーは強烈で、良いことがあった日でも、最後にこうした人に当たると一気にテンションは下がり、やる気が失われます。一般に、良い感情よりも悪い感情の力の方が強いのです。困った人に連続して当たってしまった日などは最悪です。営業を辞めたい気分になったりもするでしょう。

「困った人」は特に強いネガティブな感情の力を持っている人たちです。そうした人たちとの関係を築くためには、彼らの話を受けとめ、自己愛を満たしてあげることが必要なわけですが、自分自身が心の健康を維持していなければネガティブなパワーに負けてしまいます。

では、どのように心の健康を保つのか、その方法について考えてみましょう。

第四章 心の健康の保ち方

心身が健康でなければ営業はできない

営業にとって最も大切なものは何か。それは心身の健康（メンタルヘルス）です。

いつも明るく元気で、感情の安定している人は、誰にも好かれ信頼されます。そして、身体の健康維持は当然のことながら、自分自身の心の健康も保てていなければ、冷静な営業はできません。

いくら「困った人」にはどう対応すればいいのかを知っていても、相手の言葉を落ち着いて受けとめることができなければ意味がありません。

また、どんなに知的レベルが高い人でも、冷静さを失っていたり、気持ちが落ち込んでいたりすれば、ミスを犯すことがあります。ミスを犯すのは、得てして感情が不安定になっている時なのです。

コンピューターはいつでも同じ答えを出しますが、有能な人でも、その時の心の状態次第で考えられないようなミスをしてしまう。それが人間です。

気分が落ち込んでいる時、何をやるにしてもその結果予測は悲観的な色彩を強めます。反対に、気分が盛り上がっている時は、楽観的になり自信をもって行動しますが、それが過ぎると自信過剰になって思わぬミスをすることもあります。

スポーツ選手をみてもわかるように、メンタルが勝敗を分けるということは往々にしてあることなのです。

かつて、大手自動車メーカーの人に聞いた話ですが、セールスマンの営業成績が突然落ちた時の原因を探っていくと、親が倒れたとか、子どもが学校でトラブルを起こしたとかいった家庭の問題を抱えている場合が多いそうです。家庭が気になって、営業がうまくできなくなってしまっていたというのです。

意外なことに、こうした悩みを抱えた人よりも、鬱病の人の方がまだ営業をうまくこせるそうです。鬱の人は鬱なりに、営業に一生懸命取り組み結果も出るのですが、心配事を抱えた人の方は仕事が手につかなくなり、営業トークの冴えも失われてしまっているようです。

自動車メーカーなどの場合、営業所には所長がいて、部下の悩みの相談に乗り、不安を解消するための対応策をとることができます。カウンセラーを紹介したり、介護の問題であれば施設を紹介したり、家庭の問題が落ち着くまでしばらく休ませたり、様々な手を打つことができます。そうして心配事が収まれば、営業成績は自ずと戻ります。

まずいえることは、何か心配事や不安なことがあったら、自分ひとりで抱え込まず、誰かに相談することです。上司が相手では気が重いのであれば、先輩や同僚など誰でもいいから信頼して話せる人に相談してみることです。

後で詳しく述べますが、心の健康を保つためには、人に頼ることができるという能力がポイントになります。

何でも自分のせいだと思わない

心の健康を維持していく上で大切なことは、精神医学でいうところの「認知の歪み」を取り除くことです。

最近の若い人には、物事がうまくいかなくなると、自分が悪いからだと思い込んだり、自分ひとりで問題を抱え込む人が増えているようです。会社の業績が悪い、自分のグループの営業がうまくいかない。すべてが自分のせいだと決めつけてしまうのです。そして、こうしたタイプの人は、心の健康を損ないやすいようです。

常識的には、製品の販売不振など会社の問題は、誰か一人の社員が原因で起きることなどあり得ません。売れないといっても、それには製品の品質や価格、ライバル製品の存在、販売戦略の優劣、景気状況など、いろいろな要因が絡んでいます。売れない責任が自分だけにあるはずがありません。

仮に自分だけ売れていないにしても、担当している地区の状況、営業経験、社内教育やサポート体制など、様々な要因が考えられます。何か問題が生じた時に、意図的にスケープゴートをつくるようなブラック企業でもない限り、まともな会社であれば一人の人間だけに責任を負わせるようなことはまずあり得ません。また、日本の労働法規は、指名解雇などに対してことのほか厳しく設定されています。

というわけで、仕事に関して非常識な責任をとる必要はないのです。

すべて自分の責任だと考えて落ち込むというパターンは、メンタルヘルス上の問題としてよくみられる例です。

業績が悪い時だけでなく、会社がうまく回っている時でも、自分がいないと会社は回らないと思い込み、自ら自分のメンタルに重圧をかけている人は少なくありません。自分が会社を支えているという意気込みは、ビジネスマンとしてとても立派なことではありますが、それが自分を追い込んでしまって心の病になったのでは、自分にとっても会社にとってもデメリットでしかありません。

「困った人」のところでも説明しましたが、物事を白か黒か、ゼロかイチかで考える人は、ちょっとダメだと思うとすべてがダメだと思ってしまいがちです。何か失敗したり、営業成績が下がったり、負けたりすると、それでもう自分の将来はない、おしまいだと、心がぽっきりと折れてしまう。

このように、精神状態が不安定になってしまうことは、営業現場だけに限らず、会社という組織の中では往々にして起こりがちです。

すべからく現実の世の中は、白か黒かだけではなくグレーもある世界だということを理解しておいた方がいいでしょう。そして、これは心の健康を保っていく上で基本となる考え方です。

飛び込み営業にストレスを感じたら

見ず知らずの個人宅や事務所に飛び込んで営業する、いわゆる「飛び込み営業」にストレスを感じる人は少なくないと思います。

どんな相手が出てくるかわからないし、話も聞いてくれずに追い返されることもある。自分自身の心の底では、こんなことをしたところで、どれだけ実りがあるのか、無駄な努力ではないかという気持ちが起きることもあるでしょう。朝、元気いっぱいで事務所を飛び出したとしても、何件も空振りが続き、話をまともに聞いてくれる人もいなければ、ほとほと落ち込んでくるという人も少なくないでしょう。

飛び込み営業をやっていて気分が落ち込むのは、多くの場合、期待があまりにも大きいからなのです。心のどこかで、みんなは自分の話を聞いてくれるはずだと思っているのです。

飛び込み営業において、メンタルにかかる負荷を左右するのは、「ダメでもともと」と割り切って考えることができるかどうかです。

たとえば、一〇件あたって一件しか取れなかったと思うか、一件も取れたと考えるのか。そこには心理上の大きな差があります。

いささか不穏当な例かもしれませんが、昨今流行している「振り込め詐欺」を考えてみましょう。これは、もちろん悪質な犯罪行為ではありますが、それにしても彼ら悪党たちは、いったいどれだけ電話をかけ、どれだけ成功しているのか。電話に出てくれるのは、千件に一件か、二千件に一件か。いずれにしてもその労力は相当なものです。電話での話が信用されないのは当たり前。それでも誰か話を信じる人がいると考えてかけ続けるのでしょう。そして実際、その話を聞く人がいるし、詐欺にかかる人が相当数いるわけです。

悪党ながら、感心するほどのメンタルの強さです。その能力を何か他のまともな仕事に活かせばいいのに、と思ってしまうほどです。

ダメ元で挑戦し続ける体力と気力が成功を呼ぶ

篠山紀信さん、立木義浩さんという日本を代表する二人の名カメラマンがいます。しかし、この二人のアプローチは対照的です。

私自身、立木さんに写真をとっていただく機会がありましたが、立木さんは二回ぐらいしかシャッターを押しません。「ここだ」という瞬間しか写真を撮ろうとしない。いわば、一球入魂です。

一方、篠山さんはものすごい量の写真を撮るそうです。一万枚ぐらい撮ったりもする。その中から傑作が生み出されるわけです。下手な鉄砲も数撃てば当たるといっては失礼ですが、とにかく数を撃って、その中から当たったものを選び出すというやり方です。

実際、篠山さんは何かのインタビューで、「何万枚も撮るから、良い写真が撮れる代わりに、その体力だけは絶対必要だ」という話をしていました。

考えてみれば、これはやはりすごいことだと思います。一見、誰にでもできそうですが、実は、持続して努力をする才能と健康な心身が必要なのです。

誰もが一球入魂でありたいと思いますが、それができる天才は限られています。完璧主義は心の病に陥るリスクが多いものです。一方、篠山さんのレベルまではいけないにしても、普通の人でもそれに近づくことはできるはずです。

ある電機メーカーでいつも営業成績トップテンに入っていたスーパーセールスマンは「一日五〇件の営業」というノルマを自分に課して実行していました。毎日五〇件の営業をするということは、それだけの体力が必要です。と同時に、話を聞いてもらえず、門前払いを食ったからといっていちいち落ち込んでいたら、これだけの数を回ることなどはできません。案の定、彼は、断られることは当たり前と思っていたそうです。

ちなみに、第一章で述べた通り、彼がトラディショナルで清潔な服装と靴で決めていたのはいうまでもありません。

どの世界でも、ダメでも当たり前という気持ちで、何度も繰り返し挑戦し続けることができる体力と気力を持っていれば、成功者となれるのです。急いで結果を求めずに、「ダメもと」、「一歩一歩」で考えれば、心にも余裕が出てきます。

パニックに陥らない方法

営業で突然、想定外のことが起きた時、また今まで会ったこともないような困った人に遭遇した時、誰でもパニックに陥ることはあるでしょう。

相手のクレームに思わずヒステリックになってしまったり、執拗な抗議にどうすればいいのかわからなくって泣き出してしまったり、緊張のあまり言葉が出なくなったり、反対に支離滅裂な話をしてしまったり、自分の感情をコントロールできなくなってしまう状態です。

神経症に「パニック障害」というものがありますが、そこまでいかなくても、小さなパニックに陥ることは誰にでもあるのです。パニックは特殊なことではありません。特に女性の場合、緊迫した状況に直面すると、ヒステリックになったり、泣き出したりする傾向があるようです。

パニックになると、相手から「感情的になりやすく、落ち着いて話のできない人」と思われます。特にビジネスの場では、信頼感を失うことになります。アメリカの大統領選挙では、最有力とされた候補者が選挙運動の際に泣き出した姿を報道されたのをきっかけに、指導者としての資質に疑問を持たれ、予備選の段階で敗北したこともあります。

このように、感情が安定しているかどうかは、相手の信頼感を左右するのです。

パニックに陥りやすい人は、心配症だったり、緊張しやすかったり、思いつめるタイプだったり、要するに気持ちに余裕のない人です。

順調に進んでいたように思われた商談が「この話は難しくなった」と言われた時に、

「約束が違う」とヒステリックになるような人は、相手の言葉で「すべておしまいだ」と思い込んでしまっているのです。

商談が困難になったのは、他にライバルがいるのか、それとも相手の予算の問題なのか、理由を聞いてみて、対応策があるのかどうかを探ってみる。あるいは、今回はダメだと割り切って、捲土重来、次の機会を待ち将来の商談につなげることを考えてみる、といった具合に他のシナリオを考えようとしない。そして、もうダメとなってパニックに陥るのです。パニックに陥りやすい人は、白か黒か、0か1かで物事を決めつけてしまう人なのです。

しかも、このような人は、起こり得るあらゆる事態の中で、最悪の結果だけしか頭に浮かびません。一件の取引がうまくいかなかった、一日中飛び込み営業をしたのに成果が上がらなかった。それだけで、すべてがダメで、自分は営業マンとして失格だと思ったりします。そして、思考が停止し、わけのわからない行動をとってしまったりします。

パニックとは判断力や思考力がほぼ停止した状態ですから、普段では考えられない行動や態度をとってしまい、それまで築いてきた関係を壊してしまう可能性もあります。信頼を築くのには時間がかかりますが、崩れるのはあっという間です。

自分は一〇〇%正しく、相手は一〇〇%間違っていると考える人は、反論されると逆上します。また、すべて成功して当たり前と思う完璧主義者は、ひとつ失敗するとパニックになります。悲観主義者となると、何か一つ悪いことがあると、次はもっと悪いことが起きるという恐怖に取り憑かれて、我を失うことがあります。悪い話も良い話も、何かきっかけがあると最悪の結果が頭を支配して、固まってしまうのです。

「これで終わり」ではなく「これから始まる」の思考

それでは、どうしたらパニックに陥らずに済むのか。それには、ちょっとした技術があります。ショックを受けても、すぐに気持ちを切り換えられるコツを覚えておくことです。

何か想定外のことが起きた場合、「これで自分はもう終わりだ」と考える絶望型の人と、「まだまだ、これからだ」と考える希望型の人がいます。「終わり」と思ったらそれで終わりですが、「これからだ」と受け止めることができれば、パニックに陥ることは避けられます。

よく考えてみれば誰でもわかることですが、ひとつ営業を失敗しただけで、会社人生が終わってしまうわけではありません。戦争ではないのですから、それで生命を失ってしまうわけでもありません。

野球では、三割打てば名打者といわれます。一〇回打席に立って、ヒットが三本。七回は成果が出ていないわけです。また、先発投手の能力を評価する基準として「クオリティスタート」という概念がありますが、こちらは六イニング以上投げ自責点が三点以内。六回まで投げるのならば、名投手でも失点を喫して当たり前なのです。ゼロでなければ終わりという世界ではありません。失点してもパニックになる必要はないのです。

こうしたことは、飛び込み営業にも通じることです

パニックに陥らないために大切なことは「これで終わり」と思わずに、「次はどうすればいいのか」、「いまはともかく次に何を」という受け止め方をすることです。ゲームとは違って、現実の世界では、一度失敗しても「ゲームオーバー」にはなりません。ビジネスの世界で大切なのは「それでは、どうするのか」を考えることです。

一般にビジネスの知識の幅の狭い人は、次の手段はないと考えて、パニックに陥りやすいところがあります。

営業マンが、自分たちの会社にはどんな製品やサービスがあるのか、他社の動向や業界の動向などを勉強しておいた方がいいのは、営業上役に立つだけでなく、心に余裕を持つことにもつながるからです。一つの商談がうまくいきそうにない時、「それでは、どうするか」、「何があるか」という発想が出やすいからです。

直球しか投げられない投手は打たれても次の選択肢がありませんが、カーブ、スライ

ダー、フォークと球種が多ければ多いほど、次に投げるボールの選択肢が増えます。困った人についても、そのパターンと心理を知っていれば、遭遇した時にパニックに陥る危険性が減ります。そう考えれば、日頃、上司や先輩の昔話に付き合うことも、選択肢を広げ、パニックにならないためのネタを仕込んでいると思えばいいでしょう。

パニックになりやすい人のもう一つのタイプに、早とちり型の人がいます。

相手の話を最後まで聞かずに、「わかりました、わかりました」と勝手に結論を出したり、相手が返事をためらったりしていると、もう見込みがないと営業をストップしたりするタイプです。

このタイプは、自分で可能性をつぶしてしまっています。選択肢の幅を自ら減らしてしまっています。あれもダメ、これもダメと、自分ひとりで勝手に決め込み、次第に八方塞がりになって、最後は「もうダメだ」とパニックに陥ります。自分で、パニックになる環境をつくってしまっているのです。

「では、どうするか」、「いまはともかく」の発想で臨めば、悪循環に入ることを防ぐことができます。ともあれ、「これで終わり」という考えは捨てることです。

「いい加減」は精神安定剤

さて、ここからは、心の健康法についていくつか紹介していきましょう。

いきなりですが、現実の世界では「いい加減さ」が大切です。良い意味での「テキトーな人間」であることは重要です。

コンピューターのプログラムをつくるのであれば別でしょうが、相手が人間の場合、0か1というデジタルの世界ではありません。いくら緻密に計画を立てたところで、すべてが計算通りに進むはずはないのです。

とりわけ現代は、ビジネス環境の変化が激しい時代です。想定外のことが起きるのは当たり前で、計画の緻密さよりも、環境の変化に合わせて対応できる能力の方が重視されています。

たとえば、インターネットの世界では、完璧な計画を立てることに時間をかけるよりも、ともかくプロジェクトをスタートさせ、市場のニーズに合わせて改善を重ねていくというやり方が正解であるといわれています。

実際、インターネットビジネスで、熟慮して整合性の取れた美しい計画を立てた大企業と、走りながら考えるベンチャーと、どちらが勝ったかといえば圧倒的にベンチャーでした。いくら考えたところで、正確に未来を予想することなど誰もできません。わからないからこそ、まず動いてみた方がいいのです。

いい加減でいいといわれても、それではいかにも不真面目で、むしろ不安になるという性格の人もいるでしょう。そういった人は、最後の防衛線を引いておくという考え方をするといいでしょう。つまり、ここまでは譲れるという一線を引き、それを超えるような譲歩を迫られた場合は取引にこだわらずに撤退するわけです。できることについては、様々な可能性を試すけれども、ダメだったら縁がなかったと思って、引きずらないということです。

何が何でもこの営業を成功させようと頑張ったあげく、ダメだからといってパニックになって相手との関係を完全に壊してしまうよりも、このステージでは負けたけれど、次のステージでは勝てるかもしれないと割り切ってリスタートした方が、中期的にみて営業の成功につながる可能性が出てきます。ゲームは終わればそこで終了しますが、営業も人生もずっと続いていくものです。

確かに、営業のベースは人間関係です。それでも、無理やり相手に合わせるのではなく、ここまでは我慢しようという一線を決めておき、相手がその一線を超えてきたら「さようなら」と打ち切るという考え方もあります。

そう割り切れば、人間関係も楽になります。ただ、自分も相手を嫌な人間と決めつけていないかと自己点検してみることも忘れずに。

同じような人間ばかりと付き合っていると、対人関係の許容範囲も狭くなり、人付き合いにおいて、パニックになりやすい原因を自分で作ってしまうことにもなります。

自分が思うほど相手は気にしていない

心の健康を損ないやすい人は、細かなことを気にします。一度、心を傷つけられると、そのことにこだわります。

「暗い」といわれたり、「口が臭い」と指摘されたりすると、もうそれが気になって仕方がなくなり、人前に出るのも嫌になったりします。

これには、自分に自信がなかったり、これまで本音で語り合うような関係性の中で生活してこなかったりしたことが背景にあるかもしれません。

「困った人」でも説明しましたが、自己愛が満たされてこなかった人の心は敏感です。愛情ある環境に育ち、本音で言い合えるような人間関係を経験していれば傷つきにくいのですが、そうした中で育っていないと、人とは本音で付き合えず、相手が何を考えているかわからないために、必要以上に対人関係に不安を持つようになります。

ちなみに、森田療法には「恐怖突入」という治療法があります。

この治療法では、傷つくかもしれないことをあえて試してみるのです。そこで、実際にやってみれば意外と傷つかないものだと気づけば、前に進むことができます。

営業を主体とした会社で「飛び込み営業」を新人に課すのは、こうした意味合いもあるのかもしれません。飛び込み営業は大変でもあり、傷つくこともあるでしょうが、その一方で成約した喜びもあるし、恐れているほど世の中に「困った人」はいないこともわかります。「渡る世間に鬼はなし」という言葉もあります。世の中それほど捨てたものでもありません。

アメリカのフランクリン・ルーズベルト大統領は、大恐慌の最中に、「恐怖すべきものは恐怖そのものだ」という演説をして、国民を鼓舞しました。自分の心の中にある不安そのものが不安の対象で、現実に動いてみれば、それほど心配することはなかったということはよくあります。事前に自分の心の中で描いている最悪の事態が最も怖いのです。その意味でも、怖がってばかりいずに、一歩踏み出してみることは大切です。

抱え込まないためのテクニック

一歩踏み出す必要性はわかるけれど、今はいろいろな問題を抱え込んでいて、どこから手を付けていいかわからない。それを考えるだけで、パニックになりそうだ。

そんな時には、こんな方法もあります。やらなければならないことを、一枚の紙にともかく書き出してみることです。頭の中だけで考えていると複雑に思われて整理のつかない問題も、書いてみると単純化することができます。

営業は一人の顧客を相手に、一つの仕事をしているわけではありません。何人ものお客さんを相手に、いくつもの案件を抱えたり、緊急に対応しなければならないクレームが入ったり、複数の仕事が同時並行的に進んでいきます。

また、顧客だけではなく、会社の方でも、この書類を出せ、あちらに連絡しろ、と様々な指示が飛んできます。いくつもの案件を抱えていると頭がパンクして、何から手を付けていいのかわからなくなる。そんな時に、「今日中に」などと指示が飛んできたりしたら、もうパニックです。

そんな時は、とにかくすべてメモに書き出してしまうことです。一枚の紙に、しなければならないことを全部書き出す。そうすると、案件は無限ではなく有限であることが、目で見てわかります。自分が心配していたのはこの程度のことだったのか、と拍子抜けすることもあるかもしれません。一日という時間も、書き出す前はそれだけしかない気がしていたのに、書き出してみれば一日あればできるという感じになることも十分あり得ます。

そうしてリストアップしたら、次に締切や重要性に応じて優先順位を決めていくわけです。仮に一日でできそうにないくらいの量であったとしても、その中には、今日やる必要がないこともあるだろうし、人に頼めることもあるでしょう。やらなければならないことがはっきりして、どこから一歩踏み出したらいいかもわかり、迷いがなくなるというものです。

不安になるのは、目標も出口も見えないからです。パニックになりそうだったら、書いてみることです。それによって、心に余裕が生まれます。

睡眠と栄養は心の健康の源

心身の健康を保つ上で、睡眠は大切です。脳科学では、睡眠不足になるとセロトニンという神経伝達物質が枯渇することが知られています。脳の老化現象で説明した、あのセロトニンです。

現在、過労死の多くは鬱病による自殺であることが明らかになっていますが、セロトニンは鬱病の原因になるだけでなく、イライラ感の原因にもなるといわれています。日光にあたったり、なるべく蛍光灯を明るめにしたりしておくと、セロトニンや、不眠症、睡眠障害を防ぐ効果があるメラトニンの働きが活発になり、夜は眠りやすく鬱になりにくくなる効果があるという指摘もあります。

疲れをため込まないこと、睡眠を十分にとることは、脳科学の観点からみても心の健康を保つために重要なことです。

都会を歩いていると、時折、車の中で昼寝をしている営業マンを見かけることがあります。見た目はあまり良くありませんが、これはこれで正しい健康管理法ともいえます。睡眠は一日合計して、どのぐらい眠ることができているかが問題で、昼寝が悪いわけではありません。一日中さぼって寝ていたのでは論外ですが、体と心のコンディションを睡眠によって整えることはいいことです。

一方、規則正しい食生活も忘れてはいけません。空腹の時には感情的になりがちですが、これは空腹時に血中のブドウ糖濃度が低いことが影響しているためだといわれています。動物でも空腹時は攻撃衝動が高まります。

最近は朝食をとらずに会社や学校に行く人が少なくありませんが、栄養不足になると、イライラしたりキレたりしやすくなります。一方、甘いモノを食べると気持ちが和むのは、血中のブドウ糖濃度が上がるためとみられています。

セロトニンの素となるトリプトファンは肉類に多く含まれていますが、これもまた重要です。肉類を食べると機嫌が良くなったり、幸せな気分になったりしがちなのは、このトリプトファンの働きによるものと考えられています。逆にいえば、肉類を食べることが少なくなると、感情のコントロールが効きにくくなるともいえます。

コレステロールは健康診断では悪玉扱いされがちですが、セロトニンを脳に運ぶ役割を果たしています。コレステロールは気分の安定につながり、この数値が高い人の方が鬱になりにくいというデータもあります。

日本では「メタボ」など太り過ぎや栄養の過剰摂取が問題になりがちですが、現実には日本で問題なのは低栄養です。日本人は一日一九〇〇カロリーぐらいしかとっていません。先進国で二〇〇〇カロリーを切っているのは日本ぐらいで、一八〇〇カロリーを切ると飢餓ラインと呼ばれます。データ的には、もっと栄養をとった方がいい。栄養をとることは、感情をコントロールし、心の健康を保つ上でも大事なことなのです。

「腹が減っては、戦はできぬ」という言葉がありますが、朝食をとらない子どもの成績は伸びないともいわれています。朝食もとらずに営業に出ても、集中力は続きません。寝不足も同じです。

最近は、スポーツでも栄養管理や睡眠の重要性が認識されています。サッカーやラグビーなど、睡眠や栄養の管理を選手に指導しているところも増えてきています。睡眠と栄養の管理は戦う人間に不可欠なのです。

オンとオフの切り換え

精神分析の従来の考え方では、過去の心の傷であるトラウマを克服するためには、トラウマとなっている記憶と向かい合わなければならないといわれてきました。傷ついた記憶をきちんと思い出すことで現在の記憶と折り合いをつけ、それを乗り越え、心の強さを取り戻すというわけです。

しかし、今は違います。向かい合わなくてもいい。思い出したくないことと向き合ったり、忘れた記憶の中から掘り起こして強引に思い出そうとしたりすると、むしろ心の具合が悪くなることが多いからです。傷ついた過去と向き合って一生懸命生きることが正しく、そうでない人は現実から逃避しているというのは考え違いです。これは心の健康を維持していくためにも参考になるでしょう。

傷ついた記憶に向き合って悪循環に陥るよりも、考えてもしかたのないことは考えない。忘れてしまって、前に進んだ方がいいのです。営業マンの場合でいえば、心が傷つくようなことがあっても、それはひとまず横において別の営業に行くなり、遊びに行くなりした方がいいのです。

傷ついたり嫌なことがあったりした時のネガティブな感情は強いですから、つい、そこに気持ちが行ってしまうことは理解できます。忘れた方がいいとわかっていても、そこに考えが行ってしまう。忘れようと思えば思うほど、余計に気になって、頭から離れない。

ある意味、そうなるのは当然です。だからこそ、考えないようにしようと頑張るのではなく、考えずにすむように、他の方向に自分の関心を向かせる方がいいのです。別のことを一生懸命に考えたりやったりして、忘れさせようとする。これも「森田療法」の一つのテクニックで、考えても仕方のないことは考えない。もっと楽しいことを考えましょうという発想です。気分を転換するというよりも関心の方向を転換してしまうのです。

心の健康を維持するためには、リフレッシュすること。オンとオフの切り替えが大切だといいますが、これも関心の方向を転換するためなのです。精神科医の立場からいえば、「休養」というのは寝て休んでいるということではなくて、何よりも楽しむことです。

以前、朝青龍がケガで休養中にサッカーをしていて批判を浴びたことがあります。あれをどう考えるのかは医学の面からみると難しい問題で、疲労骨折の場合はある程度運動した方がかえって治りが早いという意見もあるのです。こうしたことを知らないで、一面的に考えると、判断を誤ります。

心の健康回復にも同じようなところがあります。鬱病の人を休ませる場合、ある時期までは寝ていることが大切ですが、それを過ぎたらなるべく楽しんだ方がいいのです。

テニスでもゴルフでも、自分が好きなことをやってみて、楽しいと思えるようになることが重要です。

鬱病で会社を休んでいる人が楽しそうにテニスをやっていたりするのを同僚が見たら、「何だ、あいつは病気と言いながらサボって遊んでいるのか」ということになりがちですが、精神科における「休養」とは、じっと寝ていることではなくて楽しむことなのです。このことは、本人も周囲の人も認識しておかなければなりません。

オフの時間には思い切り楽しまないと、本当の意味の「オフ」にはなりません。家族と遊ぶことも「家族サービス」と思ったら休養になりません。「妻のため」、「夫のため」、「子どものため」と考え、義務でやっているのだったら心身の疲れはとれないし、月曜日が一番疲れているなどということになってしまいます。

ともあれ、オフには自分が心底楽しいと思うことをやらなければ、心の傷を癒すことになりません。「仕事では落ち込んでいたけど、休みになったら元気だねえ」といわれても、心が健康を回復していることだと思えばいいのです。テニスでもゴルフでもショッピングでも、とにかくオフは楽しむべきです。

一方、オンであっても、気分を切り替える方法はあります。

不安になることや気になることを、なるべく考えないように関心の方向を変えることがポイントなのですから、何か他に嫌なことを忘れさせてくれる仕事をすればいいのです。

経費の精算など、溜まっていた雑務を処理してもいいし、メールや手紙の処理をしてもいい。また、相性のいい顧客がいれば、そこへ行って元気をもらうのもいいでしょう。

自分に訪問件数のノルマを課すことにしても、目標達成へ関心を向けさせ、嫌なことから注意をそらす方法になるかもしれません。会社で決められたノルマは嫌なものですが、自分で決めたノルマはゲームのようにも感じることができます。

ともあれ、忙しいほど人は余計なことを考えません。うまくいかなかったこと、傷つけられたことを引きずるよりも、オフでもオンでも何かに没頭して、嫌なことから逃げればいいのです。嫌なことを考えて心の健康を失うよりも、その方が全然建設的です。

小さなことからコツコツと

「いくら当たっても、なかなか契約がまとまらない。あいつは成績を伸ばしているのに、自分がダメなのは運が悪いからだ」

営業という仕事についていれば、そんな気持ちになることもあるでしょう。しかし、「運」を持ち出したり、嫉妬を感じたりしている時は、自分がネガティブな感情に支配され始めている兆候と考えて注意した方がいいでしょう。

心に傷を負っている時に気をつけなければならないのは、何でもネガティブに考えてしまうことです。常に最悪の結果を考えてしまう。

自分が不幸だと思っている人に限って、世の中は不幸な結末を迎えるものだと思い込み、チャンスをつくれない。そして、目の前にチャンスが来たとしても、それをつかもうとしないものです。

チャンスをつくれない人、チャンスが来たと思っても自ら手を伸ばそうとしない人は、自分で自分を不幸にする人です。

よく考えてみてください。営業で訪問する先を増やすことは、チャンスをつくることです。「困った人」と接触を続けることもチャンスをつくるための種まきです。

多くの人に会っている人は、それだけチャンスに恵まれ、実際に得をしています。加えて、世の中というものは、頑張っている人間を意外と見ていてくれているものです。

行動して頑張っている人には、チャンスが与えられる機会が増えます。「あの人に一度任せてみるか」、「そういえば、この分野にはあの人がいた」と顔が浮かんで、声をかけてくれる。その時に、そのチャンスをつかむ勇気も大切です。逡巡していたら、チャンスは消えてしまいます。ですから、心が弱いと自分で決めつけて、動かない人は損をすることになります。

心の問題が複雑なのは、自分で自分を傷つけているにも関わらず、当人がそれに気がつかないことがあるからです。

被害者意識に火がつくと、デス・スパイラルに入って、自分を「悲劇のヒーロー」や「悲劇のヒロイン」にしてしまうことがあります。そして、実はそれはそれで自分を哀れんで何もしなくていいわけですから居心地が良かったりします。「かわいそうな自分」と自分をなぐさめることにより歪《いびつ》な形で自己愛を満たしてしまっているわけです。

しかし、そうなると、営業どころか人生も不幸にしてしまいます。

ものの見方を変えてみたり、ちょっとした行動を起こしてみたりすることは、心の健康を増進する方法の一つです。被害者的なネガティブな認知パターンをアクティブな行動パターン、認知パターンへと変えていくのです。

とはいえ、いきなり大転換をするなどということは無理でしょう。小さなことから始めて、小さな成功体験を重ねていくことです。そうすることにより、確実に人間は変わっていきます。

成功するプロジェクトの運営法の一つとして、仕事を小さく分解し、ひとつひとつ小さな成功を重ねていくことでモチベーションを上げていくという手法がありますが、ひとりの営業マンの行動にしても同じことがいえます。

小さな取引でも、営業で成功を重ねていくことで心が元気になり、自信もつくはずです。

最初は成約件数ではなく、訪問件数を目標にするのもいいかもしれません。小さな一歩でも、やってみればできた。それによって健全な自己愛が満たされ、心の健康も増していきます。

あきらめるのはもったいない

一般に、心が傷つくことを恐れる人は、自分が傷つくかもしれない嫌なことから逃げる傾向があります。試してみる前にあきらめます。玄関のベルを押す前、会社の受付に訪問を告げる前に、もうだめだと思って引き返してしまう。

それで嫌な客、困った客に会うことを避けることはできたかもしれませんが、その一方で新しくお得意様になってくれるかもしれない人と出会う機会も失くしたわけです。そして、心の健康も不調のままです。自分に自信を持つことができず、営業ができない人間だと自ら思い込み、心の傷をさらに深めることにもなってしまいます。

残酷な話かもしれませんが、一歩踏み出してみようとしないで終わってしまう人間には何も残らないのが現実です。営業に向いていないというだけならばまだいい方で、何にも挑戦できない人間になってしまう恐れもあります。

弱さというものは、誰にでもあるものです。しかし、それを理由にあきらめてしまうのも、もったいない話です。なぜなら、自らチャンスを放棄しているからです。どこかで悪循環を断たなければなりません。

やるのか、やらないのか、ビジネスはそこで決まるともいえます。極端にいえば、頭の中で考えつくことは誰にでもできます。ベンチャー企業の成功をみて、よく「あのアイデアは自分も考えていた」という人がいますが、考えついたということと、実行したということは、まったく違います。この差はとてつもなく大きいのです。

ともあれ、自分で勝手に人生を決めつけて、悲劇の主人公にならないことです。

ある大手メーカーの役員の話ですが、彼は若い頃、部長に嫌われて本社から地方に異動させられました。

「その当時、みんなに飛ばされたと言われたけど、自分では飛ばされたのではなく飛んだんだと言っていた」

彼の言葉です。そして、彼は地方に異動させられたにも関わらず、落ち込むことなく仕事を続けていたそうです。彼は、次のように言葉を続けました。

「だって、うちのような大きな組織の場合、部長の任期は三年ですよ。時間が立てば、相手はいなくなってしまうのだから」

実際、この人は本社に返り咲き、その部門のトップになりました。

ここまで楽観的なのは心が強い人だからと思うかもしれませんが、誰であろうと、「もう、おしまいだ」と自分で勝手に決めて、落ち込むことはないのです。

生きて歩き続けていれば、世の中何が起こるかわかりません。少なくとも、自分で小さく決めつけているよりも、世の中はずっと面白いところなのです。

どこかに助けてくれる人がいる

心の健康を保つ上で最も大切なことは、どこかに「話ができる人」を持つことです。

ここでいう「話ができる人」とは、説教する人、教えてくれる人というよりも、自分の話を聞いてくれる人です。学校時代の友人でもいいし、会社の先輩や同僚でも、親兄弟でも、要するに誰でもいいのです。また、営業という仕事は社外の人と知り合うことが多い仕事ですから、取引先の中にそうした人を見つけることがあるかもしれません。

周りには大勢の人間がいて、飲んだり、笑ったり、そういう相手には事欠かないと思っている人もいるでしょう。また、フェイスブックやLINEなどのソーシャルネットワークに「ともだち」は大勢いるという人もいるかもしれません。

でも、落ち込んだり失敗したりした時に、話を聞いてくれる相手を持っている人はどのぐらいいるでしょうか。今の時代、「重い話は勘弁してね」という人は少なくありません。

現代は、誰もが心が傷つくことを避ける社会ですから、そうした話を聞くのは嫌だという人が多いようです。

本当の意味で話を聞いてくれる人を持っているのといないのとでは、心の健康は大きく変わります。話すだけで、心は落ち着くものです。会社の場合、社内ではいろいろと話しにくいこともあるでしょうから、会社を離れて第三者として聞いてくれる友人を持つことはとてもいいことです。

フランスの作家、フランソワーズ・サガンは、こんなことを言っています。

「幸せな愛とは、仕事をして疲れ、へとへとになったり、やりきれない一日だと思って帰宅した時、その一日を話したくなるような何とも言えないまなざしに出迎えられること」（朝吹由紀子訳『愛という名の孤独』新潮社刊）

そうした相手がいれば、ベストでしょう。そして、あなたも友人に対して、そうした存在になることができれば幸せでしょう。お互いが相手の話を聞くことができて、初めて親友といえるのではないでしょうか。

嫌われるリスクをおおげさに考え過ぎていないか

心の健康を失いやすい人の特徴の一つとして、嫌われることを極端に恐れているということがあげられます。言わなければならないのに、嫌われるのが怖くて何も言えない。営業に初めて行った時や、相手に「それはできません」と伝えなければならない時、心臓がドキドキしてしまう人の理由の一つにはそれがあるかもしれません。しかし、嫌われてもいいと覚悟して、思い切って本音を言ってみると、意外と平気で、相手は何事もなかったかのように話を続けるなどということがあります。

論外な値引きを断ったからといって、普通は「話のわからないケチな奴だ」とは思われません。まして、ビジネス上の交渉なのですから、相手は「ダメもとの条件」を出してくるのは当然です。怒ったように見えても、それも交渉のための演技かもしれません。

精神分析のカウンセリングの話として、相手の言っていることの本当の意味を考える必要があると言いましたが、ビジネスには一種のゲームのようなところがあります。

ハードな交渉になってしまい、相手が怒っているのかと思ったら、「ああ面白かった。そんなところが落としどころだと思った」と言われて、拍子抜けした経験がある人もいるのではないでしょうか。

最初から嫌われることに怯える必要はありません。まして、お得意様であったとしても、営業での関係なのです。仮に営業相手に嫌われたとしても、恋人に嫌われることと比べたら大したダメージではありません。

できることを最大限に考えなければならないとしても、できないことはできないと言う他ないのです。ビジネスの世界では、相手に嫌われたとしても、役に立つと思われれば関係は続きます。そこはあまり考えこまず、割り切ることです。仕事と割り切ることも、心の健康法の一つです。

悪口を言うだけでは心の健康は回復しない

先に、「困った人」に対処する方法として、自己愛を満たしてあげることの大切を述べました。困った人ほど極端ではないにせよ、同じ人間ですから自分の中にも「ほめてほしい」、「認めてほしい」、「同調してほしい」という欲求があります。

「同期はきちんと成績を上げているのに、自分は思ったように成績が上がらない」、「こんなに頑張っているのに上司は認めてくれない」など、組織の中で自分はひとりぼっち、誰も認めてくれないと思うような時は、心の健康は危うい状態に陥っています。

そんな時には、相手から、自分は大切にされている、価値がある人間だと思われている、という感覚をもらうことが回復への道となります。

会社でも、「できる上司」といわれる人たちは、自信が揺らいでいる部下がいないかどうかに目を配り、そんな部下がいればケアをしています。それがマネジメントでもあるのです。

しかし、誰もがそうした上司を持っているわけではありません。会社に限らず、家族、恋人、友人、誰でもいいから信頼できる人に相談することです。医者やカウンセラーにかかるのもいいでしょう。いつでも相談ができる人がいれば、心理的に楽になります。周りの人に上手に頼ることが大切なのです。

ただし、同僚や友人と話すといっても、それが悪口大会になっては意味がありません。ネガティブな感情は伝染するという話をしましたが、他人の悪口に付き合っていると、その人の負の感情が伝染し、気分はさらにネガティブなものになっていきます。自分の負の感情も増幅されていきます。ストレスを発散しているようにみえて、そうではないのです。

困った顧客や上司がどれほど嫌な人間かをあげつらったところで、心の傷が深まるだけだし、明日もその人と会うとなればさらに落ち込むだけでしょう。「こうした人には、こう対応すればいい」というアドバイスならば聞く価値もありますが、単なる悪口を言う、あるいは聞かされるだけでは、心の健康の回復にも何にもなりません。

心が健康な人は、こうした悪口大会の席にはいないものです。あるいは、別の楽しい話題にさりげなく切り換えたりしています。悪口を言うことでストレスを発散しているようにみえても、それは悪い酒を飲んでいるようなもので、二日酔いのようにネガティブな感情を残します。

　それに悪口を言うことによって、話し相手に悪意を伝染させます。悪口の対象が会ったこともない人であるにも関わらずネガティブな先入観を持つことになり、悪口を聞かされることによって、その人を悪いやつだと決めつけることになりがちです。

　先輩や同僚から「困ったお客さん」という引き継ぎを受けた相手でも、実際に会ってみると意外と親切で良い人だったりすることもあります。人と人との関係ですから、相性もあるし、相手にしてもその日の気分や体調もあります。特に法人営業だと、会社の地位が上がって若い頃のギラギラした部分がとれ、丸くなっている人もいます。何事も決めつけてはいけないのです。

自分のことをもっとほめよう

　元気で明るいことは、成功する営業マンの条件の一つといわれています。

　感情は伝染すると言いましたが、元気な人に会えばこちらも元気をもらえるし、機嫌のいい人に会えば何だか明るい気分になります。ふとした時に顔が浮かぶのは、そんな人です。

　いくら仕事でも、暗い人や不機嫌な人にはあまり会いたくないものです。自分の業績まで悪くなってしまうような気がします。

心の健康を保つことは、元気で明るい営業マンであるために欠かせません。

ところで、心の健康を維持するために、自分ひとりでもできる簡単な方法もあります。

それは、人にほめてもらうのではなく、自分で自分をほめるという方法です。

小さなきっかけで、自分を愛する気持ちを取り戻す。何度も指摘したように、心の健康が失われるのは自己愛が満たされていないためです。認められ、ほめられれば、自己愛は満たされ、ネガティブな感情が消えて心の健康は回復します。これは、困った人と付き合う上での基礎知識でもあるのですが、自分自身にも同じことを試してみるのです。

かつて、オリンピックに出場したマラソン選手の有森裕子さんが、アトランタ大会で2大会連続のメダルをとった時に「自分で自分をほめてあげたい」という名言を残しましたが、自分で自分をほめるということは、心の健康上とても有効です。いつも元気で明るい人や機嫌のいい人は、小さなことでも何か成しとげた時に、自分をほめることができます。目標を立て、達成した時に、自分を認めてほめてやる。有森さんのような大きな目標である必要はありません。小さな目標、達成できそうな目標でいいのです。

今日は何件訪問すると決める。そして、それを達成した時に自分をほめてやる。達成できなかったとしても、ここまでできたのだから、よくやったと自分の努力を認めてやる。

一歩一歩進み区切りをつけていくことは、気分転換にもなります。一面もクリアできないような難しいゲームは誰もやりません。でも、ゲームを一面クリアできれば、次へと続けていきたくなるものです。

心の健康を損なっていく人は、少しでも予定が狂うと「もうダメだ」と考えがちです。これでは、次に進めません。一歩進めば前進なのに、ネガティブな感情を引きずってばかりでは前に進まず、できることもできません。自分を叱ってばかりで、ほめることを忘れているのです。自分で自分はダメな人間と決めつけていては、自分を愛せなくなっていきます。

その日、飛び込み訪問が一つもうまくいかなかったとしても、一〇件でも二〇件でも自分が決めた訪問件数を達成したのであれば、自分をほめればいいのです。それを続けていくことで、いずれ成果は出てくるものです。あきらめたら、何も残りません。

あまり短期的に気難しく考えず、今日は「これでよし」という気持ちを持ち続ければ、明日も明るく元気に営業を続けていくことができます。

心の病だと思ったら

営業成績が悪く、気分が塞ぎ込み、会社に行く気もしない。あるいは、上司や同僚から

「最近元気がないけど、大丈夫か」と声をかけられる。そうした時は、心の健康が損なわれているというレベルではなく、心の病にかかっているのかもしれません。

気分が落ち込んでしまってどうしようもない時。そんな時は、鬱の場合もあれば、不安神経症の場合もありますが、この二つでは対応法はそれぞれ異なります。

鬱のときは、思い切って休んだ方がいいでしょう。一方、不安神経症の場合はむしろ出社してみて、仕事ができることを自分でわかった方が治る場合もあります。「案ずるより産むがやすし」ということで、経験をさせてみた方が不安解消にいいという考え方です。

二〇一五年十二月から労働安全法が改正され、従業員五〇人以上の会社ではストレスチェック（メンタルチェック）が義務化されています。心に問題を抱えた人がいたら、企業は産業医やＥＡＰ（従業員支援プログラム）を担当する組織に送って、社員の心の健康を支えなければなりません。国も企業も、社員のメンタルヘルスをサポートしなければならない時代になっているのです。

「このところ気が落ち込んでばかりでメンタルが不調だな。もう会社には出ることができないな」と思った時、「休むことはサボることと同じ。同僚に迷惑をかけるし恥ずかしい」などと自分を責めたところで何の解決にもなりません。そういう時は、心の病かもしれないと思って専門家に相談すべきです。

一般に、日本人は精神科に行くことを避けたがります。しかし、心に問題を抱えていたら、多くの場合はカウンセリングを受けた方がいいのです。話すことによって心が軽くなるし、医師の話から多少なりともヒントになることが得られるでしょう。また、最近では良い薬が増えていることは既にお話しした通りであり、薬によって治ることもあります。

頼るべきところは、プロに頼るべきなのです。日本ではほとんどないことですが、アメリカでは精神科医はみんな自分の精神科医を持っています。自分のことは自分ではわかりにくいわけで、アメリカの精神科医は、プロであるからこそプロに相談することが一番いいと知っているのです。

心の病はどのような場合に起きるのか

心の病には、心因性のものと内因性のものがあります。心因性の精神病は、何かの出来事がきっかけで起きるもので、かつては心因性の鬱を抑鬱神経症といっていました。

一方、特に外部に心理的な事件があったわけではないのに精神を病むのが内因性の精神病であり、その代表例が鬱病と統合失調症です。

統合失調症の場合は、レイプされるなど何らかの事件をきっかけに発症した例もたまにありますが（これにしても重症のＰＴＳＤのために別の意識状態や妄想状態になっていると考えられることが多いのですが）、ほとんどの場合は特に原因がないのに被害妄想的になるとか、突然自閉的になるとかいったケースです。鬱病も同じで、特別な原因がなく鬱状態になる人がいます。

鬱病にしても統合失調症にしても「原因がないのに起こる」という認識を持つことは大切です。ある日突然、朝起きたら急に体がだるくなって、まったく気力がわかなくなる。そのような場合は、鬱病の可能性があります。

しかし、会社では特にストレスになるようなこともなかったと思うと、「これは体がおかしくなったのではないか」と思ってまずは内科の医者に行くのではないでしょうか。そこで、「どこも悪くない」といわれると、かえって重病ではないかと思ってしまい、鬱が余計に悪くなるなどということもあります。

鬱病とはそういうことが起こり得る病気だということを認識しておく必要があります。体に何も異常がなかったのだとしたら、次に訪ねるべきは精神科なのです。

あなたは「鬱病」を知っているか

心の健康を保つ上で第一に大切なのは、正しい知識です。「心理教育」という言葉がありますが、自殺という最悪なケースを回避するにしても、鬱とはどんな病気なのか、どのような状態だったら医者に行くべきなのか、といったことを知っておく必要があります。心の健康維持に心理教育は不可欠です。

鬱病は、気分がどん底まで落ち込む病気だとか、気分が悲観的になる病気だという認識を持つ人が少なくありませんが、実際の初発症状としては、急に食欲がなくなったり、夜中に何度も目が覚めたり、何だか体がだるくて仕方がないといったことを訴える人が多いのです。また、自分では、鬱というよりも何か変な病気にかかったのではないかと思いがちです。

かつては統合失調症も、突然妄想を話し出したり、自閉的になったりした人は治らないといわれていました。しかし、今では早期治療を施して薬を飲んでいればコントロール可能な病気です。会社に出て仕事をしている人も大勢いるのです。

神経症と精神病はどこが違うのか

神経症と精神病の一番大きな違いは、神経症には自覚症状があるということです。たとえば、手洗い強迫症の人は一時間も手を洗い続けていますが、それで自分が正常なのだと思うことはまずありません。自分では良くないと思っているのだが、それでも止められない。赤面強迫症の人も、自分の顔が赤くなることを気にしていて、顔が赤くなることに不安を感じているという自覚があります。社交不安症の人は、人前に出れば胸がドキドキしてしまうと自分でわかっています。

一方、精神病では、たとえば鬱病だとすると自分が鬱だと思うのではなく、自分はだめになったとか、体調が悪いとか思う人が多いようです。また、統合失調症の場合は、変なことを言っても、自分のほうが正しく、おかしいのは相手だと思っている。「俺は神になった」、「俺は生命を狙われている」と言っても、自分が病気にかかっているのではないかという感覚はありません。病識がない。それが精神病の特徴です（もちろん、例外もたくさんあるのですが）。

鬱病にしても、統合失調症にしても、通常は周りの人が気づきます。認知症にしても同じような特徴があります。「物忘れがひどいから認知症になったのではないか」と気にして自分から医者に来る人は、鬱だったりすることが多い。本当の認知症の人は、周りの人たちが「物忘れが激しい」と訴えるのだけれど、本人は「そんなことはありません。歳相応です」などというケースが目立ちます。本人に病識がなく、周囲が気づく。その点では、認知症も同様です。

病気の感覚がないのですから、精神病の人はなかなか治療に行きません。鬱病でよく問題になるのは、自覚がないために医者に行かないことに加え、働き過ぎるほど働いて、それが鬱病を悪化させているのに「このぐらい働くことは、昔は当たり前だった」などと言って、治療にも協力してくれないことです。心の病については「自覚がない」ということも知識として持ち、周囲の言うことに耳を傾けることが大切です。周囲の指摘を聞けなくなったら、それも心の問題かと疑ってみることです。

チェックリストの効用

新聞、雑誌や本などに、病気のチェックリストが載っていることがあります。その中には、鬱病など心の病に関するものも多いようです。

ただ、医者の中には、こうしたチェックリストで自己採点して病気ではないかと疑い、病院に行くことを歓迎しない人もいます。こうしたリストでは、病気を拾い過ぎるというのです。しかし、拾い過ぎて当たり前なのです。チェックリストで本当に病気の人を拾えなければ、意味がありません。そのためには網を広げた方がいいのです。

内科の健康検診にしても、がん検診にしても、疑いのある人を引っ掛けることが目的です。がんの人だけピンポイントで探すなどといったら、がん検診など絶対にできません。逆に見落としが多くなってしまうでしょう。

チェックリストで問題があったのならば、一応医者にかかってみる。そこで擬陽性か、本当の陽性なのか、診断してもらえばいいのです。自己診断がいけないというのは、自分で病気でないと決めつけるのがいけないという意味で、病気かもしれないという自己診断はなるべくした方が予防になります。

予防医学の基本は、その病気の可能性がある人はすべて拾うということです。こんなことぐらいで病院へ行くのは大げさではないかと考える人もいるでしょうが、チェックリストにあてはまったら、とりあえず病院へ行った方が賢明なのです。

病気について知ったら次は治療を知る

心の病に対処する「心理教育」の第一が病気に関する正しい知識だとしたら、第二は治療に関する正しい知識です。

鬱病ならば鬱病で、その治療法としては今どんな薬があり、どんなカウンセリングがあるのか。たとえば、カウンセリングにしても、認知行動療法とか、対人関係療法とか、様々な治療法が開発され、効果を上げています。鬱病になってしまったら、もうダメだなどと絶望しないことです。統合失調症の治療が進んできたことも前述した通りです。

一時期、ＡＩＤＳの検診を嫌う人が大勢いました。検査して結果がわかったところで、治療法がなく助からないのであれば、調べても無駄ではないか、と思われたからです。そうなると、知らない方がいいと考えて、医者にもかからない人も出てきます。しかし、現在は違います。ＡＩＤＳが薬でコントロールできるようになり、陽性と診断された人でも普通に社会生活を送っています。治療法があるとわかれば、検査を受ける人も増えてきます。

精神病の場合も同じです。治る方法があるのですから、医者を訪ねてみるべきです。鬱病は一生のうちに一五％の人がかかる病気です。十人に一人以上ですから、鬱病になることを前提に考えた方がいいぐらいです。

一方で鬱病は、何の治療もせず放置しておけば、二割ぐらいの人が自殺する病気でもあります。ある意味、ガンよりも怖いともいえます。検診などでガンの疑いがあれば、医者に行かない人はあまりいません。しかし、鬱病の疑いが強いといわれても、治療に行かない人はいます。

死に至る怖い病気だという正しい知識を持ち、治る治療法があると正しく理解していれば、そんなことは考えないでしょう。心理教育が重要である所以です。

ともあれ、チェックリストで鬱病にあてはまっているのならば、医者に行かないことは生命を捨てるようなものなのです。

精神科に行くことは恥ずかしいことではない

「心理教育」の第三のポイントは、精神病に対する偏見を取り除くことです。まだ日本では精神科に行くことを恥ずかしいと思っている人が多くいるようです。

鬱病については、会社などで検診することも増え、比較的理解が進んできたようですが、統合失調症に関する偏見は根強いものがあります。極端な場合、「人殺し」の病気と思っている人さえいるようです。全国には一二〇万人の統合失調症の患者がいると推定されますが、投薬による治療が進み、普通に働いている人も大勢います。殺人事件で統合失調症の診断を受けて心神喪失の扱いになるケースは、年間六〇〜七〇件に過ぎません。しかし、統合失調症にかかっていたとなると、その六〇件が六〇件すべて報道され、「人殺しの病気」というイメージが拡散し、世の中に定着していくことになります。

一二〇万人のうち六〇人が起こした事件だとすると、事件を起こしたのは二万人に一人です。一方、日本の自動車の保有台数は七千万台。交通事故の死亡者は年間四五〇〇人。ほぼ一万五千台に一台が人を殺している計算になります。数字で見れば、車の方が統合失調症の患者よりもよほど危険な存在ということになります。数字を見て、もっと冷静に判断する必要があるでしょう。

それぞれの事件について、どのような治療がなされていたのか検証して、それを活かしていくことは必要でしょうが、六〇件の事件をもって一二〇万人が危険と思うことが正しいのでしょうか。いずれにせよ、病気と治療法に関する正しい知識を持つことが必要です。そして偏見を取り除くことです。

偏見が精神科医のもとへ行くことをためらわせるのならば、患者個人にとっても社会にとっても何もいいことはありません。実際、統合失調症の患者さんの起こす重大事件の多くは妄想などによるもので、これは薬を飲めばほとんどの場合、コントロール可能なのです。あなた自身も、正しい知識を持ち、偏見をなくすことが、心の健康を保つということをしっかりと覚えておくべきです。

心がタフに見える人は本当にタフなのか

心が弱くなっている時に職場で周囲を見渡すと、誰もが心の強いタフな人間に見えます。それでは、本当に何があっても心が動じないタフな人間はどれだけいるのでしょうか。特に営業の現場では、見たところ、タフそうな人が大勢います。

しかし、見た目ではそうであったとしても、現実には何があってもまったく動じない人などあまりいないものです。誰もが多かれ少なかれ傷ついているのです。そして、自分に自信がなかったりします。それを見せるのか、見せないのか、ということなのでしょう。

本当は傷つきやすい心を持っているのに、タフに見せている人がいます。心が弱い人ほど、それを隠すかのように強がって見せる場合もいます。よく話すし、声も態度も大きいし、図太い人と思ってしまうのですが、意外と細かいことを気にしていて昔誰かに言われたことを何年も忘れず根に持っていたりします。そして、批判されると怒り、おだてられると弱く、周囲には言うことを聞くイエスマンしか置かない。タフと思っていたら、顧客の中にもいる「困った人」とあまり変わらなかったということもよくある話です。

世の中、誰でもそれほど心が強いわけではありません。心の健康を損なうようなことがあったとしても、自分は弱い人間だと決めつけて考えないことです。これまで紹介した様々な方法で回復できればいいし、それでも周りから「具合が悪そうだよ」といわれたら、風邪にでもかかった気持ちで、気楽に精神科医を訪ねてみればいいのです。

エピローグ　決めつけない、あきらめない、こだわらない

営業マンと精神科医、まったく違う職業のようでいて共通するところが多いことがおわかりになったのではないでしょうか。

共通するのは、どちらの職業も日々、生きた人間を相手にしていることです。相手にしているのは、コンピューターや機械でもなければ、頭の中にデータとしてある消費者でもありません。一人ひとり違う顔と心を持ち、理性だけでなく感情で動く人間です。当然といえば当然ですが、この世に同じ人はひとりもいません。そうした様々な人々とコミュニケーションをとることが仕事です。

営業は、会う人ごとにドラマがあり、変化に飛んだ刺激的な仕事ではありますが、一方で、人間は人間にとって最大のストレス源ともいわれるように、とりわけ心身の健康が大切です。そして、知識や技術を知っていることで、仕事を円滑に進めたり、問題に対応したり、自分自身の心の健康管理ができます。この本では、そのいくつかを紹介してきまし

た。参考にしていただければと思います。
最後に、もう一度注意点をまとめておきます。

決めつけない

まずは決めつけないことです。白か黒か、味方か敵か、好きか嫌いか。デジタルのように0か1かで考えることは心を弱くします。世界は様々な色に溢れています。白と黒の間にはグレーもあります。「話を聞いてくれなかったら、もう終わりだ」などと、単純に最悪の結論を出さないことです。

こうした「決めつけ」や「思い込み」という悪い傾向が、行くところまで行ったのが「困った人」ともいえます。

ここまで読まれて、おわかりになった方も多いかと思いますが、「困った人」も「心の健康が揺らいでいる自分」も原因は同じところにあります。自分に自信を持てない。自己愛が満たされていない。だから、認められたい、愛されたい、あなたは間違っていないと言ってほしい。誰もが心の奥で叫んでいるのです。そう思うと、「困った人」に対しても「共感」が持てるのではないでしょうか。「さびしい人だな」と同情するのではなく、「あなたも私と同じですね」という共感です。自分を知ることから共感が生まれ、様々なタイプの人とのコミュニケーションを円滑にしてくれます。
「美点凝視」という言葉があります。人の美点、つまり良い部分、長所を見るということです。人間には、どんな人に会っても相手の良いところを発見する人と、相手の嫌なところばかり気になって仕方がない人がいます。

前者の人は「悪いところもいっぱいある人だけど、こんなところは好きだな」というタイプです。多くの人が敬遠するような人と普通に付き合っていたりします。

感情は伝染するといいましたが、「好き」という感情も「嫌い」という感情も相手は感じます。まずは「美点凝視」で、好きになってみることです。好きになることで、コミュニケーションが始まり、人間関係づくりが始まります。営業は、相手との信頼関係をつくるのが仕事です。自分の心の中にある「決めつけ」をチェックし、「好き嫌い」という白か黒かではなく、一〇％でも二〇％でも好きなところを探してみることです。世の中の九九％の人たちから嫌われている「困った人」でも、それで好意を感じてくれる可能性があります。

未来はわからない

「決めつけ」は、心の健康ばかりではなく、ビジネスとしても危険です。「これで終わりだ」と思う前に、本当に未来を見通すことなどできるのか考えてみてください。

現代は変化が速く、競争の激しい世界です。現在、都市銀行はみずほ、三菱東京ＵＦＪ、三井住友、りそな、埼玉りそなの五行ですが、バブル期の一九八〇年代末には第一勧業、住友、富士、三菱、三和、三井、東海、東京、太陽神戸、大和、協和、埼玉、北海道拓殖と十三行もありました。若い人は名前すら知らないところもあるでしょうし、どの銀行がどこといっしょになったのか、正確に言える人も少ないでしょう。安定しているように見える銀行でさえ、これだけ変わったのです。

生命保険にしても鉄鋼メーカーにしても合従連衡を繰り返し、形も名前も変わったところが少なくありません。就職人気の高かった日本航空が倒産するなど想像した人もいなかったでしょう。かつて経営難に陥ったリクルートを救済したのは流通トップのダイエーでしたが、いまやダイエーはイオンに飲み込まれ、一方、リクルートは大復活して上場を果たしています。栄えたものは必ず滅びる、「盛者必衰」といいますがビジネスの世界では何が起こるか誰にもわからないのです。

「会社の寿命は三〇年」という言葉がありますが、インターネットの時代になり、変化はさらに加速しています。企業の寿命はもっと短くなっているでしょう。

ＩＴ業界でいえば、今では誰もが勝ち組の筆頭とするアップルにしても、スティーブ・

ジョブズが経営陣に復帰する以前の一九九〇年代半ばには、倒産は時間の問題とみられていました。それが大逆転し、当時パソコン界の絶対君主とみられていたマイクロソフトを株式時価総額で抜き、世界で最も価値のある会社の座に就いたのです。また、現在ネットの世界で主役となっているグーグルが設立されたのは一九九八年、フェイスブックに至っては二〇〇四年です。

何でもわかっているような気でいても、実際には何が起こるのかわからないのが現実です。いまやビジネスの世界では、企業に長期計画は必要ないという人までいます。未来に何が起こるかなどわからない。とりわけ、これだけ変化の大きい時代ではそうです。

決めつけることは、心の健康にとって良くないだけでなく、ビジネスの世界で生き抜いていくためにも「危険」です。営業が取り扱う製品やサービスも、これから先ますます変わっていくでしょう。しかし、人間だけは変わりません。そこに営業という仕事の強みがあり、現代のビジネスで最も重要といわれる対応力を持っている理由があるわけです。

さて、決めつけや思い込みが、時としてビジネスで成功する要因になる場合があることにも少し触れておきましょう。

創業型経営者の中には、強いコンプレックスを持っている人がいます。弱小会社のために差別されたり、自分が開発した製品やサービスが認められなかったり、大手企業、業界、社会に対する反発から、自分が見返すためにはこの製品・サービスしかないと決めつけ、周囲の意見や批判に惑わされることなく、一つの道を信じて猪突猛進して大成功し、企業が急成長を遂げることがあります。ビジネスの世界で「決めつけ」が長所になる場合があることも確かなのです。現状を突破し、新世界を切り拓く力は強烈です。

しかし、「決めつけ」はいつまでも有効というわけでもありません。急成長企業の中には、ある段階に来ると勢いを失い、崩壊してしまうところが多くあります。特に、環境変化に直面すると、それまでの「決めつけ」が裏目に出て対応が遅れたり、いつまでも相手を「敵」か「味方」で色分けしてきた結果、悪い情報が上がらなくなっていたり、サポートしてくれる人が少なかったりして、苦しい場面になると負の側面が際立ってきます。

新興企業としての急上昇から大企業としての安定飛行へと移行できるのかどうかは、創業経営者が「決めつけ」型を自覚し、変わることができるかどうかにかかっているのです。

イエスマンを周囲に集め「決めつけ」の世界から抜け出せない会社は衰退の道を歩み、幅広い様々な人材を集めて意見を聞いたり、自分の時代は終わったと社長の座を降りて後継者に任せたり、「白か黒か」の世界からもっとカラフルな世界へと移行できた人の会社が繁栄を続けることができるようです。

結局のところ、心の健康も、ビジネスも、最終的には決めつけないことが重要ということになります。これまでは決めつけでうまくいっていても、ある時期からそれが通じなくなるのが心の世界であり、ビジネスの世界の常なのでしょう。

あきらめなければ道は拓ける

決めつけないことと同様に大切なことは、あきらめないことです。

三章でも述べましたが、営業相手が「困った人」であっても、コミュニケーションをとろうとすることをあきらめないことです。あきらめてしまっては何も始まりません。あきらめるということは、何をやってもダメだと決めつけていることです。結局のところ、バッターボックスに立たなければ、ヒットは生まれません。

「飛び込み営業」で「下手な鉄砲も数打ちゃ当たる」という言葉を紹介しましたが、これをビジネスの世界でいうような上品な表現にすると「量は質に転化する」ということになるのでしょう。あきらめずに営業を重ね、量を増やしていくことは、ある日、営業の質となって化けることもあるのです。

困った人が優良顧客になってくれる。経験を重ねることで技量が上がり、話を聞いてくれる人の割合が増え、それで成約率も上がっていく。自信がつけば、説得力が増すことにもなります。

量を増やすことは大変ですし、空振りが続けば無駄な努力ではないかと思う時もあるでしょう。しかし、実績をあげるには量が必要になるのです。「一球入魂」、「一発必中」の天才ではない普通の人間にとっては、「量から質」が現実的な道なのです。

また、先ほどの創業経営者の話ではありませんが、一発型は環境が変化したときに厳しくなりがちです。なぜなら、現状に代わる手がないからです。「量」は時間がかかるかもしれませんが、大きく崩れることもありません。

繰り返しになりますが、量を支えるのは心身の健康です。営業マンにとって心身の健康こそが最も大切な資産です。

楽な営業をしているとつぶしが効かなくなる

営業をしていると、誰もが知っている大企業や有名ブランドや圧倒的な競争力を持っている製品・サービスを持っている会社の営業マンがうらやましくなることがあるでしょう。

確かに、人が商品を選ぶ理由は様々ですが、企業や官庁などの組織の場合、とかく大企業、有名ブランドに傾きがちです。

かつて、コンピューターの世界では法人営業でＩＢＭが圧倒的に強かったのですが、そこではこんな言葉が囁かれていました。「ＩＢＭを選んで首になった人間はいない」。

何か事故が起きた場合、いくら性能が良くても上司が知らない会社のコンピューターだったら購入を決めた担当者の責任問題になるが、トップ企業の製品だったら「運が悪かった」、「仕方がなかった」で済んでしまう。ここでいう「ＩＢＭ」の部分にはいろいろな大企業の名前を入れることができますが、理解できなくもない心理です。会社の利益になるかどうかではなく、自分のキャリアの損にならないかが購入の決め手になっているわけです。

こうした言葉を聞くと、うらやましいと思うのもわかりますが、楽な営業をしていると、転職などを考えた時にあとが大変です。ブランド力のある大企業にいた人は、比較的、営業に苦労しません。自社がどんな会社か説明する必要はないし、極端な場合は客を選ぶことさえできます。また、組織がしっかりしているので、営業に対するサポート体制も強力です。

しかし、競争環境の激しい会社にいた人や知名度の低い会社にいた人は、営業を工夫しなければ売れませんし、客を選ぶ余裕などありません。したがって、そこで苦労した営業の量が経験として蓄積していきます。大企業からベンチャー企業や新興企業に移った時、「役に立たない人」といわれてしまう人がいますが、それは苦労して得られた経験知の差でしょう。大企業など強いポジションにいる営業マンも、そこで楽をせずに会社の名前を利用するぐらいの気持ちで営業の量を増やし、経験知を深め、自分の名前で営業ができるぐらいに心がけた方がいいでしょう。ともあれ、いつまでも会社に頼れると思い込むのが危険な時代です。

決めつけず、あきらめず、こだわらず、小さくても一歩一歩

「明日は明日の風が吹く」という言葉があります。アメリカの名作映画「風とともに去りぬ」で、人生のどん底から立ち直ろうとするヒロインが最後に発するセリフですが、英語の原文は「Tomorrow is another day」。直訳すれば「明日は別の違う日だ」となります。

今日は悪い日であっても、明日は違う日なのです。営業マンも、そう割り切って嫌なことはすっきり忘れ、明日へと一歩を踏み出せばいいのです。

ちなみに、この言葉が流行したのは戦争直後、日本が一番苦しかった頃です。映画も南北戦争に敗れ、廃墟と化した南部が舞台でした。逆境に陥った時、復活への力を与える言葉が当時の日本人の心情に合ったのでしょう。今日のことは引きずらず、歩み続けることで未来は拓けていく。今日の嫌なことにこだわらず、明日に進むことが、心にとっても、人生にとっても有益なのです。

ドアの先に何が待っているのかはわかりません。返事もしてくれないかもしれないし、

あなたの売ろうとしている製品やサービスを待ち望んでいる人がいるのかもしれない。すぐ怒り出す人だったり、思い込みの激しい人だったりするかもしれません。でも、ドアを開けてみなければ何もわかりません。

世の中、何が起こるかわかりません。未来は誰にも見えない。だから面白いのです。誰だって、結末のわかっている推理小説は読まないでしょう。わからないのに、悪いことが起こるのではないかと心配しても仕方がありません。いつも怒っている怖い人だと思っていたら、目がやさしかったり、笑うとかわいかったりすることもあります。人間は複雑で面白い生き物なのです。

大切なことは、一歩踏み出すことです。少しずつでも進むことです。一歩進んだことで、自分をほめてやることです。怖いのは、最初の一歩だけ。動き出してしまえば、意外と何ともないものです。

最初から頑張らずに少しずつ進んでみる。苦しいこと、つらいことがあったら、周りの人を頼ればいい。そして、心の健康が不安になったら医者に行けばいいのです。決め込まず、あきらめず、こだわらず、踏み出してみましょう。

和田秀樹（わだ・ひでき）

1960年大阪府生まれ。東京大学医学部卒。米国カール・メニンガー精神医学学校国際フェローを経て、現在は精神科医。国際医療福祉大学大学院教授（臨床心理学）。1998年、2003年に日本人で初めて米国自己心理学の国際年鑑Progress in Self Psychologyに論文が掲載される。著書は『感情的にならない本』（新講社）、『孤独と上手につきあう9つの習慣』（大和書房）他、多数。なお、劇映画初監督作品の『受験のシンデレラ』が2007年モナコ国際映画祭で最優秀作品賞受賞するなど、その活動は多岐にわたる。

もしも精神科医が営業マンだったら

――営業のための実践的心理学

2015年12月１日　初版第1刷発行
2015年12月14日　初版第2刷発行

著者　**和田秀樹**
装画　**寺西　晃**
発行人　**長廻健太郎**
発行所　**バジリコ株式会社**
〒130-0022
東京都墨田区江東橋 3-1-3
電話　03-5625-4420
ファクス　03-5625-4427
http://www.basilico.co.jp

印刷・製本　**モリモト印刷**

ISBN978-4-86238-224-5